정상태

책 만드는 사람. 다른 사람의 생각과 글을 찾고 읽고 깁고 다듬어
그것이 더 많은 사람에게 읽히도록 궁리한다.
대학 졸업 무렵 한 문예아카데미에서 간사로 일하며 당시
어디에서도 접하기 어려운 빼어난 강의들을 어깨너머로 보고
들으며 지식과 지혜에 대한 열정을 키웠다. 2005년에 개원한
서울북인스티튜트에서 단기 편집자 입문 과정을 수료한 뒤,
그해 여름 여러 출판사의 문을 두드리다 운 좋게 신입 편집자로
첫발을 뗐다. 그 후로 문학, 사회과학, 철학, 예술 등의 분야에 각각
전문성이 있는 출판사에서 일했고, 몇몇 소규모 출판사에서는
편집, 디자인, 마케팅을 모두 혼자서 하기도 했지만 효율성과
성취감 이면의 비능률과 피폐를 발견한 뒤부터는 편집에 집중하고
있다. 현재 경제 경영, 에세이, 자기계발 등을 주력 분야로 삼고
있는 종합 출판사에서 일하고 있다. 이변이 없는 한 앞으로도
꾸준히 좋은 콘텐츠를 발견하고 소개하는 일을 하려 한다.

출판사에서 내 책 내는 법

출판사에서
내 책 내는 법

투고의 왕도

정상태 지음

그녀는 종종 작가들에게 이런 말을 했었다. "어떤 책이 가치가 있다는 것은 누군가가 그 책의 장점을 발견해서 책을 구입하고 또 나중에 가서는 '이 작가가 다음번에는 무슨 책을 낼지 궁금한데'라고 말해야 되는 거 아니에요? 그게 바로 글쓰기고 또 출판이에요." 우리는 정말 떼려야 뗄 수 없는 관계가 되었다. 통찰력, 재능, 언어에 대한 사랑, 이야기에 대한 정열 그리고 좋은 책을 만들려는 노력 등을 나누며 서로에게 감화를 주는 짝이었다.

— 제임스 미치너, 『소설』 중에서

편집자들을 호의적으로 생각하려는 유혹에 맞서 필사적으로 싸워야 한다. 그들은 하나의 예외도 없이 (적어도 얼마 동안은) 무능하고 제정신이 아니다. 직업상 그들은 너무 많이 읽기 때문에 글이라면 넌더리를 낸 나머지 재능을 알아볼 수 없게 된다. 그 재능이 눈앞에서 춤을 추더라도 말이다.

— 존 가드너(1933–1982, 미국의 소설가)의 메모에서

머리말
{ 투고를 준비하는 예비 저자를 위한
어느 편집자의 짤막한 안내서 }

이 책은 출간을 목적으로 쓴 자신의 원고를 출판사에 투고하려고 마음먹은 예비 저자가 참고하면 좋을 만한 사항들을 편집자의 관점에서 정리한 것이다.

인쇄 또는 발표하기 위해 쓴 글이나 그림 등을 '원고'라 부르며, 의뢰를 받지 않은 사람이 자신의 글을 실어 달라고 신문사 또는 잡지사(이 책에서는 '출판사'로 한정한다)에 원고를 보내는 것을 '투고'라 한다. 이 책에서 말하는 '예비 저자'는 출판사가 원고를 청탁 또는 의뢰하지 않았음에도 자신의 원고를 책으로 출간해 달라고 출판사의 문을 두드리는 모든 사람을 지칭한다. 다시 말해 이 책의 핵심 독자는 이미 완성된 자신의 원고를 출판사에 투고하기 전에 어떤 준비 과정이 필요한지, 투고할 때 최소한 무엇을 갖추어야 하는지 알고자 하는 사람이다. 출간을 목표로 이제 막 글을 쓰기 시작했거나 이미 여러 차례 투고해 본 경험이 있지만 출판사에서 '유의미한' 답장을 받아 보지 못한 사람도 모두 이 책의 핵심 독자에 포함된다.

|

　아주 오래전부터 "어떻게 하면 글을 잘 쓸까?"라는 질문과 그에 대한 대답은 무수히 많았다. 바른 문장과 짜임새 있는 구조로 이루어진 글, 자신의 삶을 진정성 있게 담아내고 독자가 스스로의 삶을 성찰하게 만드는 글, 우리가 사는 세상을 좀 더 나은 방향으로 변화시키고자 하는 선한 의지를 지닌 글…… 이처럼 좋은 글을 바라보는 다양한 관점과 그 대답은 단지 글쓰기 기술을 연마하는 데 머무르지 않고 진정성 있는 삶의 태도나 우리를 둘러싼 세계와 타인을 바라보는 애정 어린 시선으로 나아가곤 한다. 가령 "우리 삶이 불안정해지고 세상이 더 큰 불행으로 나아갈 때 글쓰기는 자꾸만 달아나는 나의 삶에 말 걸고, 사물의 참모습을 붙잡고, 살아 있는 것들을 살게 하고, 인간의 존엄을 사유하는 수단이어야 한다고 나는 믿는다"●라는 한 문장은 그 자체로 아름답기도 하거니와 "어떻게 하면 글을 잘 쓸까?"라는 질문을 넘어서 "어떻게 살아야 하는가?"라는 질문으로 우리를 이끈다.

　반면에 "어떻게 하면 투고를 잘할까?"라는 질문은 왠지

　　　●『글쓰기의 최전선』(은유, 메멘토, 2015).

질문 자체가 이상하게 들린다. '투고'라는 단어의 정의에서 보듯 완성된 원고를 출판사에 보내는 행위 자체에 잘하고 못하고가 따로 있나? 좀 더 엄밀하게 말하면 '투고하기의 어려움'이라기보다는 투고한 원고가 출판사에서 '통과되기(살아남기)의 어려움' 아닌가? 이와 같은 반문을 던짐으로써 우리는 투고를 잘하는 방법에 관한 질문이 왜 이상하게 들렸는지 어렴풋하게나마 짐작할 수 있다. 이유는 '출판사(또는 편집자)'에 있다.

좋은 글, 잘 쓴 글을 향한 질문과 대답에는 기본적으로 저자와 독자의 긴밀한 관계가 상정되어 있다. 어쨌거나 글쓰기는 미지의 특정 독자에게 유익한 지식, 정보, 감동 등을 효과적으로 전달하는 것을 목표로 삼고 있기 때문이다. 그러나 투고를 잘하기 위한 질문과 대답에는 독자가 의도적으로 배제된 듯 보이며, 마땅히 독자가 있어야 할 자리를 출판사가 차지한다. 투고라는 행위에 책을 내고 싶어 하는 예비 저자와 그의 원고를 '심판'하는 출판사만 있는 것처럼 보이는 까닭이다.

그래서인지 투고 원고를 검토한 뒤 '출판 불가'라고 퇴짜를 놓는 출판사 혹은 편집자의 모습은 수십 군데 출판사에서 퇴짜를 맞은 뒤 마침내 문학사의 고전 반열에 오르거나 세계적인 베스트셀러가 된 작품들의 뒷이야기를 통해서 이따금씩 희화화되고 조롱거리가 되어 왔다. 비슷한 맥락에서 '출판사를 사로잡는 법'을 알려 준다는 어느 책을 보고 한 독자가 "출판사가 아니라 독자를 사로잡아야 하지 않을까?"라고 적은 짤막한 리뷰는 독자의 자리를 '감히' 꿰차려는 출판사 또는 편집자를 향한 반발을 상징적으로 보여 주는 듯하다.

그럼에도 나는 이런 상황들이 투고하는 방법을 다루기 어렵게 만드는 결정적 딜레마라고 보지는 않았다. 적어도 나를 포함해 내가 아는 많은 편집자는 원고를 검토할 때 주제와 메시지, 문장과 구성, 출판사의 방향과 시장성같이 수많은 기준과 조건을 염두에 두지만 어떤 원고를 대하더라도 독자의 입장에서 살피기를 주저하지 않는다는 공통점을 갖고 있다. 편집자가 모든 원고의 첫 번째 독자라는 사실을 인식할 때 독자의 자리를 누가 꿰차는지와 같은 문제는 저절로 해결된다.

한쪽은 편집자의 눈으로 다른 한쪽은 독자의 눈으로 글을 읽지 못하면 편집자는 책을 만들 수 없다. 마찬가지로 저자, 원고, 시장, 독자 모두를 고려하는 편집자의 복합적인 관점을 예비 저자가 적절히 익히고 활용한다면 자신의 글을 '책이 될 수 있는' 원고로 다듬어 출판사의 문을 자신 있게 두드리는 데 도움이 되리라고 생각했다.

사실 편집자들은 원고를 '심판'하는 판관이 아니다. 그들은 오히려 예비 저자의 가능성, 아직 다듬어지지는 않았지만 적절한 조언과 도움이 수반되면 극대화될 글쓴이만의 장점 등을 살피고 그것이 효과적으로 발휘될 수 있도록 돕는 조력자에 가깝다.

최근 몇 년 사이에 급격하게 변화한 출판 환경도 이 책을 쓰게 된 중요한 이유 중 하나였다. 우선 블로그나 소셜 네트워크 서비스SNS 등과 같이 편리하게 글을 쓸 수 있는 플랫폼이 확고하게 자리를 잡았고, 누구나 콘텐츠만 있다면 종이책 또는 전자책을 만들 수 있게 됐다. 책 제작이 쉬워지면서 독립출판 시장도 급속히 커졌다. 기존의 출판사들은 새로운 콘텐츠와 저자를 찾기 위해 SNS나 기발한 독립출판물로 눈을 돌렸다. 글쓰기 인구가 늘어나면서 출판사에 투고되는 원고의 수가 점차 늘어나고 있고, 실제 출판으로 이어지는 사례도 늘었다. 수많은 투고 원고를 매일 마주하는 편집자로서 예비 저자가 유용하게 참고할 만한 조언이 필요하겠다고 생각했다. 바야흐로 글쓰기의 시대이니까.

|

이 책은 본질적으로 '글쓰기'를 다루는 책이 아니며, 그것은 내가 다룰 수 있는 범위를 넘어서는 것이다. 그럼에도 투고 원고가 책으로 출판될 때 가장 중요한 것이 글(원고)임을 떠올린다면 이를 간접적으로나마 언급하지 않을 도리가 없었다. 그래서 내가 취한 방식은 다음과 같다.

형식적인 측면에서 이 책은 출판사에 투고하기 전에 알

아 두면 좋을 만한 주요 항목들을 순서대로 나열했다. 크게 보면 투고하기 전에 반드시 스스로 물어야 한다고 생각되는 두 가지 중요한 질문에서 시작해 원고 다듬기, 콘셉트 만들기, 예상 독자 찾기, 기획서 완성하기, 투고할 출판사 찾기 순으로 구성되어 있다. 마지막에는 투고 이후 맞닥뜨리게 될 일들(출판 계약, 편집 프로세스, 서문 쓰기 등)에 대해 간략한 조언을 덧붙였다.

하지만 이런 개별 과정들을 충실히 수행하는 것과 투고 원고를 출판 가능한 원고로 만들어 내는 것은 현실적으로 너무나 다른 문제이다. 이 때문에 나는 내용적인 측면에서 예비 저자가 끊임없이 자신의 원고로 돌아가 스스로 처음에 던졌던 질문(왜 투고하려 하는가? 주제가 명확하게 드러나는가? 어떤 독자에게 도움이 될 것인가?)을 던지고, 어떤 방향으로 자신의 글을 수정하고 보완해야 할지 생각해 볼 수 있도록 했다.

우리가 이토록 매력적인 책의 세계에 빠져들 수밖에 없는 까닭은 책 속에 확고부동한 길이 있어서가 아니라 책이 더 자주, 더 많이 길을 잃게 만들어 또 다른 책의 세계로 계속 항해하도록 하기 때문일지도 모른다. 그래서인지 지금까지 내가 읽어 온 책들 중에서도 오랫동안 길잡이 역할을 해 준 책들은 정답이나 해법을 알려 주는 게 아니라 그 책을 읽기 전보다 좀 더 나은 질문을 가능하게 하는 책, 그 전에는 생각지도 못했던 것을 다른 관점에서 새롭게 질문

할 수 있게 한 책이었다.

이 책을 쓰는 동안 나에게 영향을 미쳤던 책들을 자주 떠올렸다. 그리고 이 책 또한 목적지에 빨리 다다르는 지름길이 될 수는 없더라도 함께 고민하고 질문하는 와중에 뜻밖의 경치 좋은 길을 어느 독자가 발견해 주기를 바라는 마음으로 썼다. 출판사의 문을 두드리고자 하는 많은 예비 저자가 이 책을 읽고 난 뒤에 지금까지와는 조금 다른 질문, 그전에는 해 보지 못했던 새로운 질문을 스스로 던져 볼 수 있게 되기를 바란다.

"편집에 정답은 없다"라는 말이 있다. 이 책에 쓴 내용은 다른 편집자들의 기준이나 관점과 다를 수 있다. 어떤 편집자는 내가 이 책에서 언급한 몇몇 내용이 자신의 관점 또는 업무 방식과 다르다고 느낄 것이다. 제아무리 날고 기어도 '원고'가 최우선이므로 투고의 형식이나 방법을 다루는 것은 아예 무용하다고 보는 편집자도 있을 것이다. 편집에 정답이 없듯이 출판사에 투고하고 투고 원고를 검토하는 일에도 정답이 있을 수 없다. 이 점을 염두에 둔다면 한결 가벼운 마음으로 이 책을 읽어 나갈 수 있을 것이다. 더불어 나쓰메 소세키의 소설 속 한 대목을 빌려 이 책 읽는 법을 제안한다. "이렇게 제비를 뽑듯이 집히는 대로 펴서, 나오는 데서부터 멍하니 읽는 것이 재미있습니다."●

● 『풀베개』(오석윤 옮김, 책세상, 2005). 그렇다고 너무 '멍하니' 읽지는 않기를 바란다.

|

이 책을 쓰는 동안 소중한 참고가 되어 주고, 방향을 잃지 않도록 도와준 책들의 저자, 번역자, 편집자, 교정교열자, 디자이너, 마케터 들에게 감사드린다. 이들이 나의 선생이다. 부족한 것이 많은 후배 편집자에게 과분한 제안을 해 주시고, 그 졸고를 수개월 동안 묵묵히 응원하며 기다려 주신 유유 출판사의 대표 조성웅 선배에게 특별히 감사드린다. 십여 년 전 인문편집자모임에서 처음 인연을 맺은 뒤 일관되게 보여 주신 편집자로서의 모습이 나에게 적지 않은 영향을 미쳤음을 뒤늦게 고백한다. 오래전 언젠가, 편집자를 꿈꾸던 나에게 그 꿈을 밀고 나가도 된다고 처음으로 응원해 준 김형필 형, 애송이 편집자를 애정으로 이끌어 준 나의 첫 번째 편집장 이준호 형에게 감사드린다. 이 인사가, 이 책이 형들에게 부끄럽지 않기를. 부족한 원고를 읽고 좋은 의견을 준 아내 정다혜에게 감사한다. 내가 알고 있는 많은 좋은 편집자 중 한 명이기도 한 아내의 응원과 조언 덕분에 이 책을 끝까지 쓸 수 있었다. 마지막으로, 일과 글쓰기 사이에서 버둥대며 수개월 동안 말없이 자취를 감추곤 했던 아빠의 오랜 부재를 기다려 준 아들 현우에게 미안하고 고맙다는 인사를 전한다.

1
{ 첫 번째 질문: 왜 투고하는가? }

내가 그 책들을 출판하지 않았다면 그 원고들은 내게 세상에서 가장 귀중한 것이 되었을 겁니다. 나는 목숨 걸고 그것들을 보존할 겁니다. 그렇지만 일단 책으로 나오면 그 말들은 더 이상 내게 매여 있지 않습니다.

—폴 오스터[•]

내일 지구가 멸망하더라도 오늘 한 그루의 사과나무를 심겠다는 격언을 따라, 내일 지구가 멸망하더라도 오늘 원고지 한 장을 채우겠다는 사람이 있을까? 아니, 거창하게 '멸망 전야'라는 조건을 달지 않더라도 원고지 한 장을 쓰는 것보다 중요한 일은 세상에 얼마든지 많을 것이다.

가령 세 들어 사는 집이라는 이유로 벽에 못 하나 제대로 박지 못한 채 살아왔다면 과감히 거실 한쪽 벽에 못질

[•]『글쓰기를 말하다: 폴 오스터와의 대화』(제임스 M. 허치슨 엮음, 심혜경 옮김, 인간사랑, 2014).

을 해서 지난 몇 년 동안 깊이 처박아 두었던 벽시계를 걸어 볼 수 있을 것이다. 또는 느슨해진 나사 때문에 두어 달 전부터 삐걱대는 소리를 내던 식탁 의자를 고쳐 보는 건 어떤가? 귀에 거슬리는 소리가 더 이상 들리지 않는 평화로운 저녁 식사를 할 수 있을 것이다. 번번이 실패하는 바람에 토마토케첩으로 터진 옆구리를 감추는 데에만 급급했던 계란말이 굽기에 다시 한 번 도전해 보는 것도 좋은 생각일 듯하다. 균일한 두께로 프라이팬 위에 펼쳐진 계란 반죽을 서서히 익혀 가며 돌돌 말다 보면 지난날의 걱정과 시름도 돌돌 말려 기억 저편으로 사라질지 모른다.

그게 무엇이 됐든 이런 일련의 행위들은 글쓰기라는 행위에 이따금씩 요청되곤 하는 궁색한 변명을 그 누구에게서도 요청받지 않는다. 벽시계를 제자리에 걸고, 고장 난 의자를 고치고, 계란말이를 정성스럽게 만드는 것을 보면서 왜 그 일을 하느냐고 묻는 사람은 아무도 없다. 그러나 오늘 무슨 일이 있어도 원고지 한 장을 메우겠다며 쩔쩔매고 있는 이에게는 외마디 질문이 수시로 날아와 귓가를 때린다.

"도대체 왜?"

'왜 쓰는가'에서 '왜 투고하는가'로

폴 오스터는 초보 작가 시절 "왜 글을 쓰는가?"라는 질문에 글쓰기가 "생존의 문제"였기에 "선택의 여지가 없었다"라고 답했다. 하지만 베스트셀러 작가가 된 이후에는 한 인터뷰에서 "직업이라는 점을 접어놓고 생각한다면, 당신의 삶에서 글쓰기가 맡은 역할은 무엇입니까? 한마디로 왜 쓰나요?"라는 질문에 이렇게 답한다.

"왜 쓰는지는 나도 잘 모릅니다. 답을 안다면 아마 쓸 필요가 없겠죠. 하지만 쓸 수밖에 없기 때문에 쓰는 겁니다. 우리가 글쓰기를 선택하는 게 아니라, 글쓰기가 우리를 선택하는 겁니다. 그리고 나는 글쓰기를 누구에게도 권하고 싶지 않아요. 젊은이들이 글을 쓰고 싶다고 하면 나는 이렇게 말해 줍니다. 신중하게 다시 잘 생각해 보라고. 글쓰기에서 돌아오는 보상은 거의 없습니다. 돈 한 푼 만져 볼 수 없을지도 모르고, 유명해지지 않을 수도 있습니다. 그리고 평생을 방구석에 틀어박혀 어떻게 살아남을지 걱정할 것입니다. 당신에게 엄청난 고독의 경지를 사랑하는 취향이 있어야 합니다."●

반면 조지 오웰은 앞서 폴 오스터에게 던져진 '삶에서 글쓰기가 맡은 역할'에 좀 더 책임감 있는 답변을 내놓고 있는 듯하다. 글을 쓰려고 마음먹은 사람이라면 누구나 한 번쯤 읽어 봤을 『나는 왜 쓰는가』에서 조지 오웰은 우선

● 폴 오스터, 같은 책.

자신이 글을 쓰는 동기를 크게 네 가지(순전한 이기심, 미학적 열정, 역사적 충동, 정치적 목적)로 나누어 설명한다. 사실 저 짧막한 에세이는 글쓰기의 주된 동기가 "세상을 특정 방향으로 밀고 가려는, 어떤 사회를 지향하며 분투해야 하는지에 대한 남들의 생각을 바꾸려는 욕구", 곧 '정치적 목적'에서 비롯되어야 한다는 오웰 자신의 반성적 성찰을 담고 있다.

"모든 작가는 허영심이 많고 이기적이고 게으르며, 글쓰는 동기의 맨 밑바닥은 미스터리로 남아 있다. 책을 쓴다는 건 고통스러운 병을 오래 앓는 것처럼 끔찍하고 힘겨운 싸움이다. 거역할 수도 이해할 수도 없는 어떤 귀신에게 끌려다니지 않는 한 절대 할 수 없는 작업이다. 아마그 귀신은 아기가 관심을 가져 달라고 마구 울어 대는 것과 다를 바 없는 본능일 것이다. 그런가 하면 자기만의 개별성을 지우려는 노력을 부단히 하지 않는다면 읽을 만한 글을 절대 쓸 수 없다는 것도 사실이다. 좋은 산문은 유리창과 같다. 나는 내가 글을 쓰는 동기들 중에 어떤 게 가장 강한 것이라고 확실히 말할 수 없다. 하지만 어떤 게 가장 따를 만한 것인지는 안다."●

이 두 거장의 말을 읽고 있으면 "왜 글을 쓰는가"라는 질문이 요청하는 직접적인 대답(글쓰기의 목적과 방향)뿐아니라 글쓰기라는 행위와 태도 자체, 글을 쓰는 사람이 기울여야 할 노력과 지향점 등이 모두 드러난다. 특히 예

●『나는 왜 쓰는가』(이한중 옮김, 한겨레출판, 2010).

술가의 관점에서 말하는 듯 보이는 폴 오스터('글쓰기가 우리를 선택한다')와 달리 저널리스트의 관점에서 말하는 조지 오웰('남들의 생각을 바꾸려는 욕구')은 "왜 글을 쓰는가?"라는 질문을 넘어 이제부터 우리가 묻고자 하는 좀 더 중요한 물음, 곧 "왜 투고하는가?"라는 질문으로 넘어가도록 도와준다.

"왜 투고하는가?"라는 질문을 풀면 "왜 당신의 글이 출판되어야 하는가?"라는 질문이 될 것이다. 글쓰기가 당신을 선택해서 혹은 세상에 영향을 미치고 사람들의 생각을 바꾸고 싶어서 글을 쓸 수는 있다. 그러나 "왜 그것이 '책'이라는 매체로 구현되어야 하는가"라는 질문이 더해지면 혼란이 시작된다. 당신이 지금까지 나름대로 규정했던 글쓰기의 목적뿐 아니라 지금 쓰고 있는 '글(원고) 자체'까지 재검토하게 만들 것이기 때문이다.

최근 서점가에서는 '글쓰기'와 '책 쓰기'가 거의 동의어처럼 사용되고 있다. 그 배경에는 '내가 쓴 책 한 권쯤' 가져 보고 싶은 욕망이 생각보다 폭넓게 자리 잡았다는 이유도 있는 것 같다. 전자출판 시장의 빠른 성장과 맞춤형 소량 출판 시스템의 보편화, 독립출판물의 부흥도 '책 쓰기'라는 바람을 어느 정도 쉽게 이룰 수 있게 해 주었다. 당연히 출판사에 투고되는 원고도 늘어났다. 그러나 출판으로 이어질 만한 원고를 만나는 경우는 여전히 드물다. 주제의 독창성이나 상업출판물로서의 잠재성 등 투고 원고를 검토하는 출판사의 일반적 기준은 차치하더라도 자신의 글이 왜 책으로 출판되어야 하는지에 관한, 나름의 '합목적성'을 가진 원고가 거의 없기 때문이다. 단지 "내 글을 책으로 출간하고 싶어서"라는 말은 "왜 투고하는가?"라는 질문의 답이 될 수 없다.

조지 오웰의 저 기막힌 은유를 다시 한 번 빌려 오자면, 여전히 많은 예비 저자가 '유리창' 같은 원고가 아니라 '거울' 같은 원고를 보낸다. 이렇게 물어보고 싶다. 당신의 원고는 유리창 밖으로 펼쳐지는 풍경(세상)과 사람들(독자)에게 말을 걸고 있는가? 아니면 여전히 거울 앞에 선 채 당신 자신만을 비추며 독백하고 있는가? 어쩌면 여기에서 "왜 투고하는가?"라는 질문의 답을 찾을 수 있지 않을까?

왜 당신의 글이 출간되어야 하는가?

이런 일이 있었다. 출간 준비 중인 책과 관련해 해당 저자가 일하는 사무실로 찾아가 집필 방향과 자료 보충 계획을 논의하던 날이었다. 한두 시간 남짓 걸린 회의를 마친 뒤 지하 주차장으로 내려가는 길에 꺼 두었던 휴대폰 전원을 켰는데, 문자메시지가 하나 들어왔다.

"조금 전에 인사 나눈 아무개입니다. 떠나시기 전 제 휴대폰으로 전화 부탁드립니다. 개인적으로 여쭤볼 게 있어서요."

그는 회의에 참석했던 사람은 아니었다. 회의가 시작되기 전에 서로 통성명을 하면서 잠깐 인사를 나눈 것이 전부였다. 나는 걸음을 되돌려 다시 1층으로 올라왔다. 로비 한편에 마련된 작은 공간에서 다시 만난 그는 자리를 잡고 앉아서 잠시 머뭇거리는가 싶더니 곧 누구에게도 쉽게 털어놓기 힘든 이야기를 천천히 시작했다.

그는 최근 몇 년 사이 치료하기 어려운 병에 걸려 힘든 시간을 보냈다고 했다. 정기적으로 투석을 받아야 해서 몸이 망가질 대로 망가지고 마음도 여러 번 무너졌지만 결국 이겨 냈고, 최근 직장으로 복귀했다. 그 후 자신과 똑같은 병으로 고생하는 사람들을 위해 치료 과정에서 보고 배우고 느낀 바를 글로 써서 나누고 싶다는 생각을 했다는 것이다. 이야기를 마친 뒤 그는 이러한 자신의 이야기도 '책이 될 수 있는지' 조심스럽게 물었다.

그가 나에게 듣고 싶은 대답이 어떤 것이었는가와는 별개로 이야기를 듣는 동안 내 머릿속은 한없이 복잡해져만 갔다. 타인은 상상조차 하기 힘든 시간을 견뎌 낸 사람의 자못 숙연한 고백 앞에서 '편집자의 조언' 같은 건 어디에도 들어설 자리가 없는 듯 느껴졌다.

한 사람의 인생을 뒤흔든 고통, 그 안에서 치열하게 이루어졌을 존재에 대한 성찰, 자신의 깨달음과 지식을 다른 누군가와 나누고 싶다는 숭고한 바람……. 이 모든 것의 무게를 한 권의 책이 감당할 수 있을까? 책이란 과연 그럴 만한 가치가 있는 것일까?

이런 새삼스런 질문들이 머릿속에 가득 들어찼다. 그래서 내가 꺼낸 첫마디는 "그럼 지금은 괜찮으신가요?"라는 안부가 되어야만 했다. "그럼 조금이라도 쓰신 원고가 있나요?"나 "그런 내용은 잘 안 팔립니다"가 아니라.

어떤 주제가 출판될 가능성이 있는지, 어떤 원고를 출판사들이 좋아하는지는 그 자리에서 더 이상 중요하지 않게 되어 버린 셈이다. 결국 그날 나는 그가 정작 듣고 싶었을 확실한 대답 대신 원고가 책이 되기 전후 과정에 개입하는 출판사의 몇몇 판단 기준, 저자–편집자–서점–독자 사이에서 벌어지는 욕망의 줄다리기, 최근 출판 시장의 현실 같은 것들을 어수선하게 늘어놓다가 "왜 그 이야기가 책으로 나와야 하는지, 누가 그 이야기에 관심을 가질지 생각하면서 글을 써 내려간다면 진심을 알아봐 줄 출판사나 편집자가 어딘가에 분명히 있을 것"이라고 어물쩍 답했을 뿐이다. 돌이켜 생각해 보면 다소 무책임한 데다 나 아닌 다른 편집자였어도 충분히 내놓았을 법한 틀에 박힌 대답이었던 것 같다(그러나 나는 아직도 그가 유리창 같은 글을 통해서 자신의 삶을 완성해 나가길 바란다).

어쨌거나 예상치 못한 계기로 마련된 그 자리가 나에게 던진 질문은 그리 단순하지 않았다. 그날의 경험은 나에게 "어떤 원고가 책이 되고 어떤 원고가 책이 되지 못하는가"라는 질문에 좀 더 구체적으로 답하기를 요구했다. 그

요구는 다시 말해 예비 저자가 자신의 주제를 어떤 방식으로 풀어 나갈지, 예상 독자를 어떻게 상정할 것인지, 본격적으로 출판사에 투고하려 할 때 무엇을 어떻게 준비해야 하는지, 그리하여 한 권의 책이 탄생하기까지 어떤 과정을 거치는지 등등을 말하는 것이기도 했다. 아무렴, 책이 되기에 부족한 삶은 없으므로.

똑같아도 달라 보이는 원고

회사로 돌아와 투고 원고가 쌓여 있는 메일함을 열었다. 한 주 동안 투고된 원고만 30여 편에 달했다. 그에 앞서 몇 주 동안 쌓인 투고 원고의 주제들을 추출해 나열해 보면 이렇게나 다양하다.

시, 소설, 육아, 퇴사, 재테크, 국내외 여행담, 자기계발로서의 글쓰기, 독서법, 마케팅 기법, 유학 또는 워킹홀리데이 경험담, 직장인 자기계발, 외국어 공부, 자본주의 비판, 트럼프와 미국의 미래, 고전 해설, 진로 및 취업 상담, 창업 사례 모음, 노동법 해설, 세대 문제, 페미니즘, 와인, 고시원 '혼밥' 식단, 4차 산업혁명, 식이요법과 다이어트, 풍수지리, 제주도에서 몇 달 살아 보기, 자녀 교육, 태교, 심리학, 화술, 뇌 과학, 한국사 산책, 리더십, 군대 생활, 여자의 인생, 그림일기, 부동산 전망, 행복한 결혼 생활, 이혼 준비와 이혼 이후 홀로서기, 사주명리학, 반려동

물과 행복하게 살기, 정리의 기술, 종교적 사색, 중년의 독서, 회사원 처세술, 연애하면서 느낀 것, 한국 교육제도 비판, 북한 문제, 동화, 맛집 탐방…….

당신은 이렇게 많고 다양한 투고 원고의 주제를 보면서 어떤 생각이 드는가? 또 편집자들은 이 목록을 보면서 무슨 생각을 할까? 나는 이렇게 생각했다. '이미 책으로 다 나와 있는 것들이잖아.'

그렇다고 해서 여기에 있는 모든 투고 원고가 '책이 될 수 없다'는 뜻은 아니다. 같은 주제라 해도 나름의 독특한 콘셉트를 부각시켜 호기심을 불러일으키는 원고가 있고, 독특한 사례들과 비범한 문장이 어우러져 눈을 뗄 수 없게 만드는 원고가 있다. 극소수이긴 하지만 첨부된 기획서와 원고 일부만 봐도 최소한 서너 군데 출판사에서 연락을 받을 거라 예상되는 원고도 있다. 하지만 다시, 그렇다고 해서 그 특별한 투고 원고가 모두 '책이 될 수 있다'는 뜻은 아니다.

책이 될 수 '있기도' 하고 책이 될 수 '없기도' 하다는 이 혼란스러운 말은 많은 편집자가 끊임없이 독자의 눈으로 원고를 파악하려는 '신경증적 독서'를 하는 데서 비롯된다. 그러므로 자신의 원고에 지나친 회의감이나 과장된 자신감을 갖지 않으려면 예비 저자도 '신경증적 자기 독서 Hysterical Self-Reading'●가 가능해야 한다. 즉 자신의 원고를

●이 말은 폴 오스터를 인터뷰한 스위스의 문학평론가 미셸 콩타의 질문에서 나왔다. 다만 본문에서 내가 설명한 맥락과 달리 "당신은 신경증적 자기 독서를 하지 않습니까?"라는 콩타의

독자의 눈으로 볼 줄 알아야 한다. 그 과정 속에서 당신이 왜 투고를 하려 하는지, 당신의 원고가 왜 출판되어야 하는지 나름의 답을 찾을 수 있을 것이다.

산을 넘는 일은 이제부터 시작이다.

질문에 오스터는 "예, 그럴 수 없습니다. 책을 외우다시피 하니까요"라고 대답한다. 폴 오스터, 같은 책.

{ **두 번째 질문: 이대로 투고해도 좋은가?** }

당신의 귀염둥이들을 항상 죽여야 하는 것은 아니다. (……)
그러나 되돌아가서 아주 '빛나는 눈'으로 다시 한 번 보아라.
대개는 죽이는 편이 나을 것이다.

—다이애나 애실(영국의 전설적인 편집자이자 작가)●

당신은 지금 막 원고의 마지막 문장에 마침표를 찍었다.

지난 수개월 혹은 수년의 시간이 주마등처럼 머릿속을
스친다. 풀리지 않는 문장 하나를 완성하기 위해 끙끙대
며 하얗게 지새웠던 수많은 밤. 전업 작가도 아닌데 슬럼
프 '따위'에 빠지는 건 분수에 맞지 않을뿐더러 나약한 의
지를 증명하는 것과 다를 바 없다며 자신에게 채찍질을 해
댔던 수많은 나날. 그 모진 낮과 밤들을 다시 떠올리자니
뒷골이 당겨 오고 두 눈이 시큰해진다. 눈을 비비고 나서

● 1917년에 태어난 그녀는 내가 이 책의 원고를 마무리하던 2017
년 12월에 100세를 맞이했다.

시계를 보니 새벽 5시가 조금 넘었다.

창밖으로 푸르스름하게 날이 밝아 온다. 조금 전 마지막으로 찍은 마침표 옆에서 규칙적인 리듬으로 깜빡이는 가느다란 세로줄 모양의 커서는 앞으로 더 이상 당신을 다그치지도("어서 다음 문장을 쓰란 말이야!") 불안에 떨게 하지도("정말 이렇게 써도 괜찮겠어?") 않을 것이다. 문서 작성 프로그램에서 앞이나 뒤로 더는 이동할 필요가 없어진 커서만큼이나 감동을 선사하는 광경은 아마 세상 어디에도 없을 것만 같다.

다 끝났다. 이제 당신은 문서 작성 프로그램의 '저장' 버튼을 누른 다음 당신의 분신과도 같은 원고를 출판해 줄 출판사를 찾아 문을 두드리기만 하면 된다. 야망은 크게 가져도 좋은 법. 종합 베스트셀러 1위에 올라 있는 책을 출간한 출판사에서 당신의 원고를 출판하는 것이 목표다. 그러나 당신은 딱 한 군데 출판사에만 보내기에는 자신의 원고가 너무 아깝다고 생각한다. 출판될 가능성을 조금이나마 높이기 위해 베스트셀러 50위 이내에 있는 출판사 목록을 한 번 더 간추린다. 원고가 완성되어 있고, 당신의 소중한 원고를 읽어 줄 출판사 목록도 빛의 속도로 만들었다. 원고를 싸매고 아등바등한 시간을 생각하면 이 정도 준비 과정쯤이야 식은 죽 먹기 아닌가.

자, 이제 각 출판사 이메일 주소를 '받는 사람' 칸에 차례로 몽땅 적어 넣는다. 다시 말하지만 당신에겐 '완성된 원고'가 있고, 출판사들의 '이메일 주소'도 있다. 메일을 보내기만 하면 검토를 마친 출판사가 당신에게 전화를 걸어오거나 답장을 보낼 것이다.

두 곳? 세 곳? 아니면 다섯 곳? 당신의 원고를 출판해 주겠다는 출판사가 많다면 출판사를 '고르는' 적절한 기준이 있어야 할지도 모르겠다는 생각이 뒤늦게 든다. 하지만 지금은 서둘러 메일을 보내는 것이 중요하다. 호사를 누릴 생각은 조금 뒤로 미뤄 두기로 한다. 당신은 메일을 쓴다.

> 출판사 담당자께,
> 안녕하세요? 원고를 투고합니다.
> 검토 부탁드립니다.
> 연락처는 010-1234-5678입니다.
> 첨부 파일: 투고.hwp

당신은 잠깐 생각에 잠겼다가 초안을 삭제한 뒤 조금 더 정성을 기울여 다른 방식으로 써 본다.

> 출판사 편집자 님께,
> 바쁜 시간에도 투고 원고를 검토해 주셔서 감사합니다.
> 지난 반년간 공들여 쓴 원고를 귀사에 투고하게 되어 기쁩니다.
> 투고하는 원고의 제목은 『6개월 만에 베스트셀러를 쓰는

법』입니다.

신중한 검토를 부탁드리며, 빠른 시일 내에 결과를 알 수 있으면 좋겠습니다.

감사합니다.

연락처: 010-1234-5678

첨부 파일: 6개월_베스트셀러_홍길동.hwp

당신은 '보내기' 버튼을 누른다. 메일 내용에 무언가를 더 적고 싶었지만, 솔직히 말하면 원고를 쓰느라 당신은 너무 지쳤고 한시라도 빨리 원고를 보내서 흡족할 만한 결과를 얻고 싶다는 다급한 마음이 컸다. 조금은 아쉬움이 남더라도 원고를 쓰는 데 심혈을 기울였으니 눈 밝은 출판사라면 반드시 좋은 소식을 전해 주리라 기대하면서.

어쨌거나, 이제 공은 출판사로 넘어갔다.

"안타깝지만 출판할 수 없습니다"

출판사는 당신의 원고를 성심성의껏 검토해 줄 것이다. 당신이 이런 확신을 갖는 데에는 그럴 만한 이유가 있다. 원고를 보낸 다음 날 몇몇 출판사에서 다음과 같은 답장을 받았기 때문이다.

선생님,

귀한 원고를 저희 출판사에 투고해 주셔서 진심으로 감사합니다. 저희 출판사는 투고 원고를 검토하고 출간 여부를 결정하는 데까지 약 일주일가량 걸립니다. 보내 주신 원고에 대한 의견을 담아 다시 메일을 드리도록 하겠습니다.
안녕히 계십시오.

수락이나 거절의 메시지가 담겨 있지 않은, 이처럼 형식적이고 따분한 (심지어 자동 답장 기계가 쓴 게 아닐까 의심마저 드는) 메일조차 당신은 좋은 징조로 받아들인다. 출판사의 답신을 받고 나니 당신은 '정말로 내가 투고를 하긴 했구나' 하는 실감이 난다. 하지만 출간 여부를 결정하는 데까지 일주일●이나 걸린다는 말에 마음 한편이 불편하다. 그 기간 동안 다른 일에는 집중도 못 하고 수시로 메일함을 들여다봐야 할 것 같은 불길한 예감이 들기 때문이다.

기왕 이렇게 된 바에야 결과를 통보받기 전까지 당신은 원고에 관심을 보이는 출판사가 두 곳 이상일 경우를 대비해 몇 가지 선택 기준을 세워 놓기로 한다. 출판사의 규모, 베스트셀러 유무, 직원 수, 제시하는 계약금(선인세) 수준, 인세율, 마케팅 예산…… 이 정도면 충분할 듯하다. 이리하여 당신은 원고를 출판할 만반의 준비를 마쳤다.

시간이 흐른다. 하루, 이틀, 사흘……. 마침내 원고를

● 모든 출판사가 일주일 내외의 검토 기간을 갖는 것은 아니다. 출판사에 따라 검토 기간이 두 주 이상에서 길게는 한 달 이상일 때도 있다.

보낸 지 일주일 만에 당신은 다음과 같은 내용의 메일을 받는다.

선생님,
소중한 원고를 저희 출판사에 투고해 주셔서 감사합니다.
보내 주신 원고를 검토한 결과 저희 편집진은 선생님의 원고를 출간하지 않기로 결정했습니다. 저희 출판사와는 방향이 맞지 않아 출판이 어렵게 되었지만, 저희보다 더욱 실력 있고 좋은 출판사와 인연을 맺으시기를 기원합니다. 적절한 수정과 보완이 이루어진다면 꼭 좋은 원고가 될 것이라 믿습니다.
귀한 원고를 저희 출판사에 보내 주신 데 대해 다시 한 번 감사의 인사를 드립니다.
안녕히 계십시오.
건필을 기원하며,
○○○ 출판사 드림.

믿을 수가 없다. 먼저 분노가 치민다. 이렇게 좋은 원고는 당연히 출판해야 맞는 것 아닌가? 하지만 당신은 이런 분노가 별 도움이 되지 않는다는 사실을 알고 있다. 아직 결과를 보내오지 않은 출판사들이 남아 있고, 그중 최소한 한 군데 정도는 분명 당신의 원고와 자신들의 '방향'이 일치하는 지점을 찾아낼 것이다.

그 후로 다시 일주일이 채 지나지 않아 당신의 메일함에는 출판사에서 보내온 답장이 모두 도착한다. 애석하게도 당신의 원고는 출판사 중 어느 한 곳과도 '방향'이 일치하지 않았다. 출판사의 방향이라는 알쏭달쏭한 근거는 쉽게 납득할 수 없을 뿐 아니라 더 나아가 출판사가 당신의 원고를 제대로 검토하기는 했는지마저 의심하게 만든다. 심지어 원고의 내용을 언급한 곳은 처음 답장을 보낸 출판사를 포함해 두 곳뿐이었다.

모든 거절 메일을 확인한 당신은 이제 더 이상 분노하지 않는다. 분노가 들어찼던 자리를 꿰찬 감정이 좌절이기 때문일지도 모르지만 이대로 주저앉아서는 안 된다. 당신은 생각한다. 도대체 무엇이 잘못됐단 말인가? 또 다른 출판사를 찾아서 원고를 다시 보내야 할까? 처음 답장을 보낸 출판사가 한 말이 계속 마음에 걸린다. 원고에서 '적절한 수정과 보완'이 필요한 부분은 또 어디란 말인가? 아니, 원고의 최종 버전을 첨부했던 게 맞나? 당신은 원고를 쓸 때보다 머릿속이 더 복잡해진 기분이다.

미안하지만, 다시 원고로 돌아가자

기분을 전환하기 위해서 당신 원고의 '마지막' 문장에 마침표가 찍히던 '맨 처음' 장면으로 되돌아가 보자.

"당신은 지금 막 원고의 마지막 문장에 마침표를 찍

었다."

그다음은? 그다음부터 무엇을 어떻게 할 것인가? 당신의 원고가 하룻밤의 격정에 사로잡혀 단숨에 써 내려간 연애편지가 아니라면, 마지막 문장에 마침표가 찍히자마자 완벽하게 밀봉된 채로 단 한 사람에게 보내져 오직 두 사람이 나눈 애정의 징표로서 영원히 박제될 운명이 아니라면, 당신은 아직 진짜 마침표를 찍어서는 안 된다.

나는 앞으로 당신이 원고의 마지막 문장에 마침표를 찍고 난 다음부터 출판사에 투고 메일을 보내기 전까지 준비해야 할 것들을 하나씩 다룰 것이다. 물론 이따금 원고를 끝맺기 '전'에 해결해야 할 일도 언급할 것이다. 또한 출판사에 원고를 보내기 전에 준비해야 할 것들, 보내고 나서 해야 할 일들, 계약을 맺고 책으로 출판되기까지 참고하면 좋을 것들……. 이처럼 알아 두면 언젠가는 쓸모가 생길지도 모르는(부디 그렇게 되길 바란다) 일련의 행위 전반을 '투고'라는 범주 안에 포함해서 다루려고 한다.

물론 이 책에서 말하는 투고의 방법을 충실히 따른다고 무조건 출판이 성사된다거나 하는 일은 일어나지 않을 것이다. 그 이유는 첫째, 출판을 결정하는 가장 중요한 근거는 '원고'이기 때문이다. "이 원고의 출간을 고려하기 위해서는 우선 문장을 다듬고, 영어식 표현을 없애고, 구성 구문 구두법을 재검토하고, 아울러 구조를 다시 손질하고, 철자와 문법상의 실수들을 바로잡고, 마지막으로 첫 줄부터 마지막 줄까지 작품 전체를 수정해야 할 것입니다."● 아마도 이런 거절 메일을 보내는 출판사는 없을 것이나, 그렇게 말하고 싶은 출판사는 분명 있을 것이다.

둘째, 원고를 채택하는 기준이 출판사마다 다르기 때문이다. 출판사의 방향은 물론 편집자 개인의 취향이나 관심사도 원고 채택 여부에 적지 않은 영향을 미친다. 그래서인지 이 두 번째 이유는 투고라는 과정을 한 번이라도 겪어 봤던 유명 작가들 사이에서 오랫동안 적잖은 논란이 되어 왔다.

조지 버나드 쇼는 이십 대 시절 자신의 소설을 수많은 영어권 출판사에 투고했으나 모조리 퇴짜를 맞았다. 그로부터 몇십 년이 지나 그가 노벨 문학상을 수상했을 때에는 모든 출판사가 그의 이름으로 된 글이라면 무엇이든 출판하려고 안달했다. 세월이 흐른 뒤 쇼는 이렇게 말했다.

"나는 출판업자들에게 이렇게 항의한다. 그들이 내게 한 좋은 일 한 가지는 그들 없이 살 수 있도록 가르쳐 준 것이다. 그들은 좋은 사업가도 훌륭한 문학적 판관도 되지 못하면서 상업적 파렴치와 예술적 과민함 및 심술로 똘똘 뭉친 이들이다. 한 권의 책이 나오는 데 필요한 것은 저자와 서적상뿐이다. 기생충 같은 중개자는 필요 없다."●●

나 또한 쇼가 경멸에 찬 어조로 언급한 '중개자' 중의 한 사람, 즉 '편집자'인 탓에 수많은 투고자에게 왠지 모를 미

●『소설 거절술』(카밀리앵 루아, 최정수 옮김, 톨, 2012).
●● 『악평』(빌 헨더슨·앙드레 버나드, 최재봉 옮김, 열린책들, 2011).

안한 마음이 든다. 그럼에도 나는 예비 저자인 당신들과 함께 수많은 난관을 헤치며 한 걸음씩 나아가고자 한다. 당신의 소중한 원고는 무사히 책으로 출간될 수 있을까? 원고가 책이 되어 가는 길목에서는 도대체 어떤 일들이 벌어질까? 아니, 그보다 이런 질문이 먼저 필요할지도 모른다. 당신의 원고를 이대로 투고해도 좋은가? 당신의 원고에는 무엇이 있고 무엇이 없는가? 질문해야 할 것도 답해야 할 것도 한두 가지가 아니다.

미안하지만, 다시 원고로 돌아가야겠다.

3
{ 출판 가능한 원고로 다듬는 법 }

주어, 술어, 목적어. 위협적인 사물에 대항하는 침묵의 무한
성을 헤치고 나가기, 주어라는 통나무로부터 출발하여 다른
곳으로 향하려는 시도, 이것이 문장이다.
— 막스 피카르트●

천신만고 끝에 탈고한 원고의 처음으로 다시 돌아가는
일이 쉽지는 않을 것이다. 하지만 앞에서도 여러 차례 강
조했듯이 "출판을 결정하는 가장 중요한 근거는 원고"이
다. 이 말은 투고할 때 편집자의 호기심을 유발하는 주제
와 콘셉트, 적확한 예상 독자와 시장분석 등의 요소를 뒤
로 미뤄선 안 된다는 뜻이다. 원고를 둘러싸고 있는 이러
한 요소들은 원고가 책으로 만들어지는 과정 곳곳에서 영
향을 미칠 것이 분명하며, 이들을 다루는 것 또한 이 책의

●『인간과 말』(배수아 옮김, 봄날의책, 2013).

중요한 목적 중 하나이다.

최근 쏟아져 나오는 다양한 '책 쓰기' 관련 도서는 어떻게 좋은 글을 쓸 것인가에 대한 고민보다는 출판사와 편집자의 이목을 끌기 위한 '기술'을 강조하는 데만 치우쳐 있는 듯 보인다. 이것은 명백히 본말이 전도된 것이다. 투고 원고가 겪게 될 여정에서 핵심은 '출판을 하느냐 마느냐'를 결정하는 편집자의 검토와 토론이며, 이런 일련의 행위가 다른 무엇도 아닌 '원고'를 대상으로 한다는 사실에는 의심의 여지가 없다.

원고의 완성도는 출판사를 설득할 뿐만 아니라 없던 '독자'도 만든다. 그러므로 원고의 완성도를 말하지 않은 채 투고에 관한 이야기를 시작할 수는 없을 것이다. 물론 앞서도 강조했다시피 이 책은 '글쓰기'의 방법을 다루는 책이 아니므로 원고의 완성도를 끌어올리는 방법 역시 편집자가 원고를 검토할 때의 관점을 통해 드러나도록 할 것이다. 예를 들어 이런 질문들이 가능할 것이다.

편집자는 어떤 기준으로 원고를 검토하는가? 원고의 어떤 부분을 가장 눈여겨보는가? 대부분의 출판사가 거절 메일에서 언급하는 '출판사의 방향과 맞지 않음'이란 표현 뒤에 숨은 뜻은 무엇인가? 어떻게 하면 까다로운(그러니까 "훌륭한 문학적 판관도 되지 못하면서 상업적 파렴치와 예술적 과민함 및 심술로 똘똘 뭉친") 편집자의 마음을 사로잡을 수 있을까? 우리의 이번 목표는 '과민한' 편집자들이 당신의 원고를 어느 정도 수월하게 읽을 수 있도록 고쳐 나가는 것이다.

거절의 이유를 묻다

투고 원고를 검토한 뒤 '출판 불가' 메일을 직접 보내던 때가 있었다. 그로부터 수년이 지났지만 한 투고자의 메일이 아직도 기억에 또렷이 남아 있다. 거절 메일을 보내고 난 다음 날 대략 이런 내용의 메일이 도착해 있었다.

담당 편집자께.

보내 주신 메일 잘 받았습니다. 하지만 편집자께서 말씀하신 바와 같이 귀사의 출판 방향과 맞지 않는다는 이유만으로는 저의 졸고가 '탈락'되었다는 사실을 순순히 받아들이기가 어려웠습니다. 그래서 실례를 무릅쓰고 이렇게 다시 메일을 드립니다. 바쁘시겠지만 제 원고의 어떤 부분이 귀사의 원고 검토 기준에 부합하지 않았는지 간략하게라도 들려주신다면 고맙겠습니다.

총총.

그때 내가 몸담고 있던 출판사는 매우 작은 규모였고, 당연히 투고되는 원고도 거의 없었다. 나 역시 편집자로서 첫걸음을 뗀 지 몇 년 안 됐을 때였는데, 가진 거라곤 의욕밖에 없을 때이기도 했던 터라 이처럼 정중한 요청을 야멸차게 거절할 용기가 도저히 생기지 않았다. 결국 나는 선임 편집자에게 조언을 구해 원고의 어느 지점이 취약한지, 어느 부분을 좀 더 발전시켜 볼 만한지 등등의 의견을 담아 답신을 보냈다. 하지만 그는 재투고하지 않았다. 내가 적어 보낸 의견이 원고를 다시 고쳐 쓰는 데 유용한 길잡이가 되었는지 또는 여전히 비슷한 수준에 머무르게 했는지 확인할 기회는 결국 찾아오지 않았다.

내가 이 경험을 비교적 자세히 기억하는 이유는 간단하다. 그게 처음이자 마지막이었기 때문이다. 물론 그 후로도 거절의 이유를 묻는 메일이 이따금씩 도착하기는 했지만 여느 출판사가 그러하듯 나 역시 "저희 출판사의 방향과 맞지 않아서……"와 다를 바 없는 그저 그런 핑계에 불과한 답신을 보냈다(그때 그 메일을 받은 예비 저자들에게 이 자리를 빌려 사과의 말을 전한다).

사실 어느 편집자라도 '뭔가 아까워 보이는' 투고 원고에는 아낌없는 조언을 해 주고 싶을 것이다. 하지만 모든 편집자들이 바쁜 업무 현장에서 이런 의지를 실천에 옮기기란 거의 불가능하다. 이를테면 출판사의 규모나 분야에 따라 다르겠지만 어느 정도 이름이 알려진 출판사에 투고되는 원고의 수는 일주일에 20-30여 편, 많을 때에는 50편이 넘기도 한다(문학 분야 출판사의 경우, 이보다 훨씬 많은 투고 원고가 쌓일 것으로 예상된다).

그러니 거절의 이유를 묻는 질문이 공허한 메아리가 되어 돌아오지 않도록 하려면 벌써 며칠째 '읽지 않음' 상태로 있는 메일함만 뚫어져라 쳐다볼 게 아니라, 자신의 원고가 다음 네 가지 질문에 긍정적인 대답을 내놓았는지 다시 한 번 살펴보라.

명료성: 저자의 목적이 분명한가?
범위: 서술, 주장 또는 해결책을 따라가는 데 필요한 정보를 독자에게 제공하는가?
조직: 서술, 주장 또는 해결책이 알아보기 쉬운 방식으로 배열되었는가?
어조: 정보의 수준과 목소리의 어조가 책의 목표 독자에 적절한가?

이 항목은 미국의 대형 출판사 하퍼콜린스의 편집장이자 뉴욕대학교에서 출판 편집을 가르친 마론 L. 왁스먼이 원고를 읽는 편집자가 항상 해야 하는 질문으로서 제시한 것이다.• 자, 이제 이 질문들을 떠올리면서 자신의 원고를 다시 한 번 읽어 보라. 그리고 '아니오'라고 답할 때마다 다시 고쳐 써라.

이 과정은 초고를 써 내려갈 때보다 훨씬 더 당신을 고

• 『편집의 정석』(제럴드 그로스 편집, 이은경 옮김, 메멘토, 2016). '작가와 출판인이 알아야 할 편집의 모든 것'이라는 부제에서 알 수 있듯 이 책은 예비 저자에게도 피가 되고 살이 되는 내용으로 가득하다. 투고하기 전 반드시 읽어 보기를 권한다.

통스럽게 할 것이며, 더없이 지난한 시간을 보내게 할 것이다. 그러나 인내심을 가지고 원고를 다듬어 나간다면 편집자가 당신의 원고를 몇 장 넘기다가 덮어 버리는 참사는 피할 수 있을지도 모른다.

왁스먼은 이렇게 덧붙인다. "이 사안들이 적절히 충족되었다면 언어의 문제는 종종 저절로 해결된다." 예비 저자들이 이 말에서 약간의 용기를 얻길 바란다. 당신의 원고가 분명한 목적과 그에 적합한 구조를 갖추었다면 문체나 기교, 표현력 등에 대한 부담은 어느 정도 떨쳐 내도 된다. 문장력과 스타일만 보고 출판을 결정하는 출판사는 없다.

편집자가 원고를 검토하는 기준

그런데 사실 앞서 소개한 네 가지 조언이 '출간 예정 원고'를 읽는 '윤문 편집자가 놓치지 말아야 할 것'이라는 맥락 속에 자리 잡고 있다는 사실은 예비 저자가 해결해야 할 과제를 조금 더 복잡한 차원으로 이끈다.

'출간 예정 원고'는 '투고 원고'와 완전히 다르다. 전자는 이미 출판이 예정된 상태에서 생산된(또는 생산 중인) 원고이다. 쉽게 말하면 출판 계약이 완료된 원고일 가능성이 높다. 여기에는 검증된 저자의 프로필, 최초의 기획서와 구성안, 타깃 독자와 마케팅 계획, 시장분석 등에 관한 출판사의 판단이 이미 어느 정도 서 있다.

반면에 후자는 출판을 목표로 조만간 몇몇 출판사에 투고할 원고라는 사실 말고는 결정된 게 '아무것도' 없다. 당신의 원고가 앞의 조건들을 만족시켰다고 해도 과연 출판으로 이어질지 의심을 가질 수밖에 없는 이유이다. 그렇다면 편집자들은 실제로 어떤 기준을 가지고 투고 원고를 검토, 선별할까? 이를 다음과 같이 정리해 볼 수 있겠다.

1. 흥미롭고 차별화된 콘셉트

편집자들이 언제나 새롭고 깜짝 놀랄 만한 주제를 원하는 것은 아니다. 다소 낯익은 주제라 하더라도 당신만의 독창적인 관점이 녹아들도록 쓰는 것이 좋고, 그러려면 흥미롭고 차별화된 콘셉트가 필요하다. 예를 들어 산티아고 순례길에 다녀온 사람들은 너 나 할 것 없이 순례 여정(그곳에 가면 투고하라는 계시라도 받는 것인가?)을 담은 글을 투고한다. 실제로 정말 많다. 그런데 더 놀라운 것은 내용도 메시지도 다 똑같다는 사실이다. 모두가 삶의 소중한 가치를 발견하고, 사람 냄새를 느꼈다. 미안하지만 그건 주말에 뒷산 오솔길을 걷다가도 느낄 수 있는 것이다. 이유는 간단하다. 누가 읽을지는 생각지도 않고 자기감정에 침잠해 버렸기 때문이다. 중요한 건 자기만의 관점과 감정을 충실히 드러내되 그것이 어떤 방식으로 차별화되느냐에 있다.

왜 산티아고에 갔는가? 산티아고를 당신만이 얘기할 수

있는 다른 주제들과 연결할 수 있는가? 산티아고 이전과 이후에 무엇이 바뀌었는가? 그곳에서 얻은 당신만의 무언가를 특정 분야의 지식으로 가공해 전달할 수 있는가? 차별화된 콘셉트를 이끌어 내지 않는다면 설령 '산티아고'가 투고를 한다 해도 책이 될 수 없다.

2. 예측되는 시장 규모

"아무도 읽고 싶어 하지 않는 책을 쓰는 사람까지 시장이 먹여 살리지는 않는다"●라는 말은 철저히 오늘날의 출판 현실에 기반을 두고 있는 듯하다. 편집자는 이 원고가 만약 책이 된다면 "과연 누가 읽을 것인가?", "얼마나 팔릴 것인가?"라는 질문을 잠시도 거두지 않는다. 좀 더 신랄하게 말하면 당신의 투고 원고 역시 1천 부 팔릴 원고, 3천 부 팔릴 원고 등으로 분류된다는 것이다.

시장 규모를 예측하는 것은 말 그대로 '예측'이며, 누군가는 막상 뚜껑을 열어 보기 전까지는 아무도 알 수 없다고 말하기도 한다. 그렇다면 다음과 같은 예를 들어 보자. 여기 두 개의 원고가 놓여 있다. 주제와 콘셉트가 흥미롭고 문장도 매우 좋지만 시장 규모가 그리 크지 않을 것이라고 예상되는 원고. 아직 특별한 콘셉트는 없지만 글이 어느 정도 주제별로 정리되어 있고 저자의 SNS에서 파악되는 '열성' 팔로워 수가 20만 명인 원고. 만일 이 두 원고

●『저술 출판 독서의 사회사』(존 맥스웰 해밀턴, 승영조 옮김, 열린책들, 2012). 독일의 글로벌 미디어 그룹 베텔스만 사의 자금부장이 한 말을 재인용한 것이다.

중 단 하나만 선택해야 한다면 출판사는 별 고민 없이 후자를 선택할 것이다.

여기서 예비 저자가 할 수 있는 일은 무엇일까? 설마 비통한 표정으로 당장 SNS 계정을 만들겠다고 답한 건 아니기를 바란다. 답은 간단하다. 다시 원고의 콘셉트를 점검하고, 단지 '썩 괜찮은 글'이 아니라 계속해서 읽고 싶게 만드는 '아주 매력적인 글'이 되도록 고민하고 다듬고 고치면 된다.

당신의 원고가 누군가에게 효용을 주는 범위를 어떻게 하면 더 넓힐 수 있을지에 초점을 맞춰라.

3. 신뢰할 수 있는 내용

투고되는 원고는 점점 늘어나는 추세이지만 원고의 품질은 그와 반비례하는 듯하다. 자기 자신만의 문장을 쓰기 위해 신중하게 단어를 선택하고, 글의 치밀한 구조에 공을 들이는 사람이 점점 줄어들고 있다.

그래서 최근에 나는 투고 원고를 검토할 때 이 세 번째 기준에 좀 더 무게중심을 두려 하는 편이다. 다른 책의 내용 중 일부분을 통째로 옮겨 놓고 출처조차 밝히지 않은 원고, 자신의 글이 아닌데 자신의 글인 것처럼 눈속임하려는 원고가 점점 많아지고 있기 때문이다. 심지어 인터넷에 떠다니는 잘못된 정보가 그대로 한 문단을 차지하기도 한다. 한마디로 표절과 오류투성이 원고이다. 더 심각한 것은 이런 표절 행위가 얼마나 중대한 범죄 행위인지 인식하지 못하고 있다는 점이다. 표절을 배고픈 아이가 가게에서 빵 한 조각 훔치는 것(이를 발견한 가게 주인이 아량을 베풀어 용서해 주는 결말) 정도로 생각하는 사람은 글을 쓸 자격이 없다.

다른 책의 일부 내용, 다른 사람의 주장을 자신의 글에 인용할 때는 반드시 출처를 밝히고 참고문헌에 적시하라. 다른 책에서 본 어떤 내용이 마음에 든다고 서너 문단을 통째로 자신의 원고에 가져다 쓰지 마라. 방식 자체에도 문제가 있지만 그런 식의 글쓰기는 당신을 게으른 저자로 보이게 만들 뿐이다. 남의 글과 자기 자신의 글을 구분하라. 중요한 것은 바로 당신 자신의 글을 쓰는 것이다.

4. 확장 가능성

앞의 세 가지 기준이 어느 정도 보편적으로 통용되는 것이라면 네 번째 기준에는 편집자나 출판사마다 조금씩 다른 입장을 가질 수도 있다. 확장 가능성이라는 말은 크게 두 가지 측면으로 나뉜다.

첫째는 내용의 확장 가능성이다. 원고가 비슷한 맥락을 가진 다른 주제(의 책)들과 긴밀히 관계 맺고 있으며, 이것이 다시금 확장된 독서를 가능하게 만드는지 살펴보는 것이다. 좋은 글은 그 자체로 완결성을 지닐 뿐만 아니라 더 넓은 책의 바다로 나아가도록 우리를 이끈다.

둘째는 저자의 확장(발전) 가능성이다. 어떤 주제에 지속적으로 관심을 가져 온 예비 저자라면 차기작을 기대해 볼 만하다. 물론 지금 보내려는 투고 원고도 출판이 될지 안 될지 모르는 마당에 차기작 운운하는 것이 사치로 느껴질 수 있다. 하지만 아주 잠깐만이라도 당신이 앞으로 어떤 글을 쓰게 될지 상상해 보기를 바란다. 그것이 현재 당신의 원고를 변화시킬 수도 있다.

자기만족 또는 자기계발을 위해서, 누군가에게 으쓱대며 자랑할 책을 출판하기 위해서 투고하는 것이 아니기를 바란다.

이와 같은 기준에 맞추어 원고를 다시 고쳐 쓴다고 해도 여전히 의문점이 남는다. 편집자 혼자서 마음에 들어 한다고 곧바로 출판이 결정되지는 않기 때문이다. 좀 더 가능성 높은 힌트를 얻기 위해 기획 회의 중인 출판사 회의실을 잠시 들여다보자.

도대체 편집자들은 뭘 하기에 그렇게 '바쁜 척'을 일삼는지, 투고되는 원고들을 전부 다 일일이 검토하기는 하는지, 기획 회의에서는 투고 원고를 어떻게 다루며, 어떻게 '품평'하는지 알아봐야겠다.

기획 회의: 겹눈을 가진 편집자들의 질문

편집자의 일은 세간을 떠도는 소문과 달리 사실은 꽤 간단해서 한 문장으로 쓸 수 있다.

'편집자는 지난주에 출간된 신간의 일일 판매량을 확인하고, 마케터의 요청으로 오전 중에 서점이나 디자이너에게 보낼 광고 카피를 쓰며, 다음 주에 마감할 책의 최종 교정지를 확인하면서 출간 전에 사용할 서점 미팅 자료와 출간 후 필요한 보도자료의 초안을 구상 또는 작성하다가, 중간중간에 저자나 번역자에게 연락해 집필 또는 번역되고 있는 원고들의 진행 상황을 점검한 뒤 약간의 불안과 불만을 다독이고자 돌아오는 기획 회의 시간에 제안할 새로운 아이템이 어디 없을지 뉴스를 뒤적여 보지만, 건질 수 있는 게 거의 없을 뿐만 아니라 있다 해도 이미 책으로 나와 있다는 사실을 알게 되면서 더 큰 자괴감에 빠져 허우적대던 중, 결국 인터넷 서점에서 몇 권의 신간을 주문하는 것으로 자신을 위로한다.'

투고 원고를 검토하는 일이 구체적으로 언급되지 않았다고 서운해하지 않길 바란다. 투고 원고를 검토하는 일 또한 편집자의 중요한 업무 중 하나이다. 아마도 앞에 묘사된 편집자는 길고 장황하게 나열된 업무들 사이사이에 그리고 일과가 마무리된 뒤에 투고 원고를 검토하려 할 것이다.

편집자는 이제 매주 정기적으로 열리는 기획 회의나 편집 회의에 참석한다. 대개 일주일 단위로 열리는 기획 회의는 한 주 동안 관심 있었던 주제나 인물, 사건·사고, 새롭게 접한 정보 등을 공유하고, 책으로 발전시켜 볼 만한 기획 아이템에 대해 다양한 의견을 나누는 시간이다.

기획 회의에 올라오는 다양한 안건 중에서 투고 원고가 차지하는 비중은 점점 커지는 추세다. 언젠가부터 서점에서 서가 하나를 당당히 차지하고 있는 수많은 글쓰기 관련 책, 글쓰기와 책 쓰기 열풍을 타고 우후죽순 생겨난 사설 기관, 유명 책 쓰기 강사의 이름을 딴 '작가 양성소'에서 강의를 수료했다는 사람, 수십만 팔로워를 가진 소셜 미디어 스타 작가의 화려한 출판 성공담, 시간과 장소에 구애받지 않고 누구나 글을 쓸 수 있는 미디어 환경⋯⋯. 이런 복잡 미묘한 분위기를 반영하듯 실제 투고 원고의 수도 늘어나고 있으며, 그에 따라 출판사도 옥석을 가려내는 데 더 많은 시간을 투여하게 되었다.

상황이 이렇다고는 해도 기획 회의에서 모든 투고 원고가 논의되는 것은 아니다. 다양한 기준과 관점을 가지고 1차 검토를 마친 뒤 다른 여러 편집자와 재논의해 볼 만하다고 판단한 원고만이 토론의 대상이다. 이 자리에서 실제로 가장 빈번하게 그리고 그만큼 중요하게 제기되는 질문은 이렇다.

"이 원고는 새로운 이야기를 하고 있는가?"
"이 원고를 필요로 하는 독자가 있는가?"

얼핏 도대체가 소박하다고 해야 할지 단순하다고 해야 할지 판단하기 힘들 정도로 간단해 보이는 질문이다. 그러나 안타까운 얘기지만, 실제로 거의 대부분의 투고 원고는 이렇게 간단한 조건마저도 충족시키지 못한다. 왜일까? 편집자는 같은 것도 다른 방식으로 '편집'하는 장기를 기획 회의에서도 발휘하곤 하는데, 이 두 가지 질문도 예외는 아니어서 다음과 같이 다양한 형태로 확장되기 때문이다.

첫 번째 질문의 확장:
콘셉트가 독창적이고 흡인력이 있는가? 저자의 개성이 드러나는 방식으로 이야기를 풀어 나가고 있는가? 독자들이 쉽게 접해 보지 못한 사례가 풍부하게 제시되고 있는가? 최신 자료들을 충분히 참고했는가? 저자의 주장과 자료는 신뢰할 만한가? 저자가 해당 분야에 관한 지식과 정보를 충분히 가지고 있는가? 유사한 콘텐츠를 다른 경로 (특히 인터넷 검색)로 더 쉽게 얻을 수 있지는 않은가? 저자의 직접적인 경험이 녹아 있는가? 진정성이 있는가? 공공윤리에 위배되지 않는가? 휘발성이 강한가? 지속 가능한가? 시기와 유행에 좌우되는가? 등등.

두 번째 질문의 확장:

책으로 나올 경우 이 콘텐츠를 돈 내고 사 볼 독자들이 있는가? 있다면 그들은 어디에, 얼마나, 어떤 모습으로 존재하는가? 해당 독자층의 도서 구매력, 도서 구매 패턴은 어떠한가? 독자는 만족스러운 효용을 얻을 수 있는가? 새로운 독자가 유입될 여지가 있는가? 즉 확장 독자를 기대할 수 있는가? 저자에게 높은 충성도를 가진 예상 독자(예를 들어 소셜 미디어상의 팔로워, 마케팅에 활용할 수도 있는 강연 참석자 명단)가 시장에 있는가? 독자는 저자를 알고 있는가? 그들이 저자에게 원하는 것은 무엇인가? 서점에서 또는 언론에서 관심을 가질 만한가? 등등.

이 정도면 투고 원고가 기획 회의에서 자기 자신을 증명하고 살아남아 출판되는 일을 기적이라 불러도 모자랄 판이다. 그러나 분명 어떤 원고는 거의 모든 질문에 나름대로 타당한 답을 내놓는다.

눈치 빠른 독자라면 이 단순한 질문들이 실제로 투고 원고가 출판되어 나왔을 때 어떤 책이 될지, 어떤 독자에게 어떻게 호소할지, 얼마나 지속 가능하며 의미를 가진 콘텐츠가 될지 등과 같은 꽤 구체적인 상황들을 설정한 것임을 알아보았을 것이다.

이제 요점을 말하자.

당신은 "좋은 원고란 무엇인가?"라는 질문에서 더 나아가 "출판이 가능한 원고란 무엇인가?"라고 스스로 끊임없이 질문해야 한다. 그리고 그에 맞게 계속 다듬고 고쳐 써야 한다. 그래야만 편집자들의 저 골치 아픈 질문들에 좀 더 그럴듯한 대답을 내놓을 수 있을 것이다. 미국의 소설가 토머스 울프는 글을 쓰고 다시 고치는 예비 저자가 가야 할 길이 어디인지 정확하게 알려 주는 듯하다.

"나는 글을 쓰고자 하는 사람이라면 누구나 배워야 하는 쓰디쓴 교훈을 마주했다. 그것은 바로, 아무리 자신이 쓴 최고의 표현이라도 출판하려는 원고에는 적절하게 어우러지지 않을 수 있다는 것이다."

4
{ 콘셉트: 한마디로 책을 설명하는 법 }

모든 이론의 최종 목표는 어떠한 경험적인 정보를 포기하지 않으면서도 더 이상 줄일 수 없는 기본 요소로 최대한 단순화하고 줄이는 것이다.
— 알베르트 아인슈타인

출판사들은 투고 원고를 접수하는 나름의 방침을 가지고 있으며, 일반적으로 홈페이지나 발행하는 책의 판권지에 투고 원고를 보낼 이메일 주소를 공개해 놓는다. 이곳으로 원고가 들어오면 담당 직원(대개 수습 편집자)이 모든 편집자에게 즉시 보내 회람토록 한다. 회람된 원고는 편집자들의 검토를 거친 뒤 추가 논의가 필요하다고 판단되면 다음번 기획 회의 시간에 더 구체적으로 논의된다. 편집장의 판단하에 기획 회의까지 기다릴 필요 없이 곧바로 투고자에게 연락을 취하는 경우도 있으나, 이런 일은 거의 일어나지 않는다. 그럼에도 원고를 돋보이게 만드는 충실한 기획서, 편집자를 설득하는 강력한 기획서가 있다면 '거의 일어나지 않던' 일도 종종 일어나곤 한다.

출판사에 투고할 때에는 기본적으로 기획서, 샘플 원고, 전체 원고를 갖추는 것이 좋다(만약 장편소설을 투고한다면 줄거리를 요약한 별도 자료를 반드시 추가하라). 이제 이 세 가지 자료를 중요도 순으로 나열해 보자. 많은 사람이 샘플 원고나 전체 원고는 반드시 있어야 한다고 생각한다. 그러나 의외로 답은 처음 제시한 순서 그대로, 곧 기획서-샘플 원고-전체 원고 순이다.

'기획서'란 쉽게 말해 원고와 관련된 거의 모든 정보를 한눈에 알아볼 수 있도록 정리한 문서를 말한다. 예비 저자의 기획서는 편집자가 원고에 호기심을 갖게 만드는 첫인상이다. 게다가 운 좋게 출판이 결정된 이후에도 편집자와 의견을 조율하거나 마케팅 계획을 세울 때 길을 잃고 헤매지 않도록 도와준다.

다음과 같은 가상의 서점을 한번 떠올려 보자. 이 서점의 주요 고객은 출판사의 편집자들이다. 진열대에는 책이 되기 전 날것 그대로인 원고, 곧 수많은 투고 원고만 잔뜩 쌓여 있다. 이 서점은 현실의 대형 서점들과 달리 모든 예비 저자에게 공평해서, 돈을 주고 진열대를 구입해 특정 원고만 수십, 수백 부씩 쌓아 올려 진열할 수 없고, 초대형 광고판이나 베스트셀러만 따로 모아 둔 진열대도 없다. 모든 투고 원고를 공평하게 진열하는 것이 이 서점의 원칙이다. 물론 아쉬운 점이 있다면 이 서점에 '원고 뭉치 책'을 보러 드나드는 사람이 오직 편집자뿐이라는 사실이다. 아무튼 이 서점에 진열된 수많은 투고 원고는 저마다 특색 있는 표지로 자신을 뽐내면서 두 눈에 불을 밝힌 채 서가 사이를 탐색하는 편집자들에게 손을 흔든다. 이 투고 원고들을 저마다 감싸고 있는 표지가 바로 기획서이다.

나 역시 투고 메일을 열면 가장 먼저 기획서가 별도로 첨부되어 있는지 확인한다. 기획서가 없다면 '어쩔 수 없이' 바로 원고를 읽기도 하지만 대개 몇 쪽만 읽다가 닫아 버리는 경우가 많다. 반대로 기획서가 있다면 이것을 먼저 검토한 다음 원고를 더 검토할지 결정한다. 이런 방식이 보편적이라고 할 수는 없지만, 투고 원고를 처음부터 끝까지 꼼꼼하게 검토할 시간을 보장받은 편집자가 그다지 많지 않다는 사실만큼은 분명하다.

그러므로 예비 저자들은 원고를 완성하고, 완성된 원고를 몇 번이나 퇴고하는 것도 모자라, 다시 기획서를 원고만큼 정성 들여 작성해야 한다. 나는 함께 일하는 저자들에게 원고 수정이나 보완에 관해 이런저런 요청을 한 뒤 종종 이렇게 덧붙이곤 하는데, 여기서 예비 저자들에게도 똑같은 말을 해야 할 것 같다.

"자꾸 귀찮게 해 드려 죄송합니다."

이 원고를 한마디로 말하자면······

물론, 나의 진심 어린 사과에도 누군가는 자신의 소중한 원고가 첫 장도 채 읽히지 않은 채 기획서 검토 단계에서 폐기된다는 사실에 분통을 터뜨리고 있을지도 모른다(반대의 경우도 가능할 것이다. 가령 모든 투고 원고를 꼼꼼하게 읽는 편집자는 나를 향해 불성실한 편집자라며 손가락질할지도 모른다. 그 질책을 달게 받겠다). 그렇다면 잠시 마음을 가라앉히고 이번에는 시중에 문을 연 '진짜' 서점으로 가 보자. 이번엔 당신이 독자이자 판관이다.

당신은 '읽을 만한' 책을 몇 권 사기 위해 서점으로 가볍게 발걸음을 옮긴다. 서점에 가면 다양한 책들이 그들 각자의 주인을 기다리고 있다. 깊이 있는 지식과 최신 정보를 담은 책, 출퇴근 시간을 이용해 가볍게 읽을 수 있는 책, 누군가를 떠오르게 해 선물하고 싶게 만드는 책, 눈물콧물 없이는 볼 수 없는 책, 아이에게 읽어 줄 책, 낮에 읽을 책, 밤에 읽을 책, 휴가지에서 읽을 책, 4월에 읽을 책, 11월에 읽을 책······. 수많은 책이 당신을 반긴다. 당신은 서점을 한가로이 누비며 새로 출간된 책들의 다채로운 표정과 눈을 맞추기도 하고, 출간된 지 한 달 만에 구석진 서가로 자리가 옮겨진 탓에 왠지 슬픈 표정을 짓고 있을 것만 같은 무수한 책의 서글픈 등을 어루만지기도 한다.

이렇게 한가하게 행동하는 척하면서도 당신은 계속해서

매의 눈으로 책을 고른다. 문학 신간 코너에 온 당신은 어제 막 출간된 소설 한 권을 몇 장 정도만 읽다가 이내 책장을 덮고 다른 곳으로 자리를 옮긴다. 인문, 자기계발, 경제경영, 에세이 등과 같은 다른 분야 코너에서도 마찬가지다. 물론 꼼꼼한 당신은 집어 들었던 책의 표제, 부제, 카피, 저자 프로필, 추천사, 수상 내역, 책에 대한 설명 등이 빼곡히 적힌 표지를 두루 살폈다. 그런데도 왜 당신은 서점에서 그 많은 책을 몇 장만 읽다가 덮어 버렸는가? 혹시 이렇게 생각하지 않았는가?

'이건 도대체 무슨 책이야? 뭘 말하려는 거지?'

우연치 않게도 같은 시간에 그 책의 저자나 편집자가 독자 반응을 살피려고 주변을 염탐하다가 책장을 덮고 돌아서는 당신의 뒤에서 답답해 죽겠다는 표정을 지으며 이렇게 중얼거렸을지 모른다.

"거기서 한 장만 더 넘기면 놀라운 이야기가 펼쳐진단 말입니다!"

"두 번째 장章부터가 이 책의 핵심이라 할 만하죠!"

물론 이런 외침은 편집자들의 마음속에 늘 자리 잡고 있긴 하지만 절대로 내뱉지 못하는 말이다. 그것이 얼마나 우스꽝스러우며 무의미한 말인지 알고 있기 때문이다.

이 이야기는 기획서를 구성하는 항목 중에서도 가장 핵심인 항목, 즉 '콘셉트'가 편집자나 독자에게 얼마나 큰 위력을 발휘하는지 보여 준다. 독자를 끌어당기는 콘셉트를 만들기 위해 많은 초보 편집자는 자신이 만들고 있는 책을 '단 한 문장으로' 또는 '단 한마디로' 설명하는 훈련을 받는다. 아래 예문을 보자.

이 책은 저자가 아이를 키우면서 느낀 진실한 사랑과 베풂의 가치를 담담하게 써 내려간 에세이다.

초보 편집자가 처음 쓴 문장은 대개 이렇다. 출판사에 투고하는 많은 예비 저자도 크게 다르지 않다. 이런 문장은 책을 설명하는 데 아무런 도움이 되지 않는다. 사실 이 문장에서는 책에 관한 어떤 정보도 얻을 수 없을 뿐 아니라 팔아 보겠다는 의지조차 드러나지 않는다.

이 책을 들고 나가서 서점 담당자들에게 소개하고, 다른 책과의 차별점을 강조해 조금이라도 더 관심을 끌고자 하는 마케터를 난처하게 만들지 않으려면 예문에서 밑줄 친 부분은 모두 새로 써야 한다. 우선 무엇이 문제인지 하나씩 살펴보자.

(1) 저자가 누구인지, 어떤 직업을 가졌는지 알 수 없다. 아이를 키운 저자가 엄마인지 아빠인지, 할머니인지 할아버지인지 최소한의 정보도 담겨 있지 않다. (단, 투고 기획서에서 저자 프로필을 구체적으로 쓴다면 이 내용은 생략될 수 있다.)

(2) 육아 경험담이라는 내용 정도만 짐작할 수 있을 뿐 '진실한 사랑과 베풂의 가치'란 주제는 너무 추상적이고 광범위하다. 게다가 육아를 하는 사람이라면 누구나 이미 알고 있을 법한 내용이다. 왜, 어떤 계기로 이런 가치를 발견했는지가 짤막하게라도 드러나야 한다.

(3) 많은 초보자가 실수하는 최악의 표현이다. 대개 '담담하다'는 표현은 단어 자체가 떠올리는 중립성(더하지도 덜하지도 않은, 감정적 동요 없이 차분한) 때문에 별 고민 없이 써도 '착하게' 받아들여질 거라고 믿는 듯하다. 그러나 이렇게 쓰면 독자도 마찬가지로 책에 별 흥미를 느끼지 못하고 담담하게 지나쳐 버릴 것이다. 이 표현 하나가 결국 그 책을 별 특색 없이 밋밋한 책으로 만들어 버렸다. 팔겠다는 의지가 없다는 것은 바로 이 표현 때문이다.

(4) 밑줄 칠 곳마저 없는 치명적인 누락. 결정적으로 누가 이 책을 볼 것인지, 어떤 독자에게 공감을 불러일으킬지가 빠졌다. 예상 독자가 상정되지 않은 책은 존재할 가치가 없다.

(5) 에세이라면 어떤 에세이인지도 드러나야 한다. 국내에 출간되는 에세이만 해도 한 달에 수십 종이다. 출간되면 서점에는 자동으로 '에세이' 분야에 자리를 잡겠지만 콘셉트에서 '그냥' 에세이는 없다.

앞에서 지적한 문제점을 적절히 수정하여 처음 문장을

다시 고쳐 써 보면 다음과 같다.

이 책은 (1) 청력 장애를 가진 이십 대 후반의 미혼모가 (2) 3년간 혼자 아이를 키우면서 부딪친 우리 사회의 각종 편견과 부조리 그리고 그 속에서 꿋꿋이 지켜 낸 '삶에 대한 애착'과 '인간에 대한 연민'이라는 소중한 가치를 (3) 진솔하고 정감 어린 문장으로 풀어냄으로써 (4) 육아와 일을 병행하며 육체적 정신적으로 지쳐 있는 삼십 대 워킹맘들에게 (5) 뜨거운 연대의 손길을 내미는 새로운 형식의 육아 공감에세이다.

사실 이런 책이었다. 이제 조금 관심이 갈 것이다. 실제로는 처음 제시한 문장과 뒤에 제시한 문장 사이에 제대로 쓰이지 못해 몇 번이고 수정되어야 했던 문장들이 존재한다. 선임 편집자들은 끊임없이 "그래서 이 책이 뭔데?"라고 되묻는다. 그럴 때마다 담당 편집자는 자신이 관여하는 책이 얼마나 독창적인 내용인지, 어떤 독자에게 다가갈 것인지, 어떤 메시지와 가치를 담고 있는지 등을 효과적으로 드러내기 위해 한 문장, 한마디를 몇 번이고 다시 쓴다. 예비 저자도 마찬가지로 이런 연습을 통해서 자신의 원고를 좀 더 치밀하고 객관적으로 소개해 볼 수 있을 것이다.

콘셉트의 완성은 '숨은 신'을 만나는 일

여기까지 왔으니 이제는 '원고만 좋으면 됐지 어차피 콘셉트는 편집자가 잡는 것 아닌가?'라고 생각하는 예비 저자가 없기를 바란다. 물론 편집자는 투고 원고의 출판이 결정된 뒤에도 끊임없이 편집 회의를 거치며 독자를 더 끌어당길 만한 무언가가 없을지 고민한다. 그러나 '원고의 주인'인 예비 저자가 제대로 된 콘셉트를 가지고 있지 않다면 편집자가 시장 규모를 더 키워 보려고 고민할 여지조차 마련해 줄 수 없다. 투고 원고에서 콘셉트가 얼마나 중요한지 은근슬쩍 보여 주는 짤막한 이야기를 하나 보자.

어떤 사람이 「나는 어떻게 곰과 사랑을 나누었나」라는 제목의 단편을 써서 『리더스 다이제스트』에 보냈다. 원고는 반려되었다. 그는 약간의 개작을 하고 제목도 「나는 어떻게 철망 안에서 곰과 사랑을 나누었나」로 바꾸어 다시 보냈다. 『리더스 다이제스트』는 또다시 원고를 퇴짜 놓았다. 또다시 개작하고, 제목도 「나는 어떻게 FBI를 위해 철망 안에서 곰과 사랑을 나누었나」로 바꾸었지만, 역시 퇴짜. 이번에는 아예 다시 쓰지는 않고 제목만 「나는 어떻게 FBI를 위해 철망 안에서 곰과 사랑을 나누었으며 그 과정에서 신을 만났나」로 늘렸다. 잡지사에서 원고를 싣겠다는 전보가 왔다.●

●빌 헨더슨·앙드레 버나드, 같은 책.

부디 이 이야기가 퇴고의 무용함을 설파하는 근거로 받아들여지지 않기를 바란다. 만약 그렇다면 퇴고의 무용함보다는 차라리 투고하는 사람의 끈기나 집념 같은 태도를 읽어 내는 편이 좀 더 도움이 될 것이다.

앞의 이야기에 등장하는 예비 저자에게서 적극적으로 배우고 실천에 옮겨야 할 것은 '어떻게 하면 출판사나 편집자의 흥미를 끌어 원고로 들어가게 만들 것인가'이다. 편집자들도 매일 똑같은 고민을 한다. 편집자는 원고를 편집할 때 조금이라도 더 많은 독자에게 선택받을 수 있도록 최대한 흥미로운 콘셉트를 뽑아내고자 한다. '이 원고는 출판되기만 하면 베스트셀러야!'라고 확신하면서 책을 만드는 편집자는 세상에 없다. 그런데 어떤 예비 저자들은 이와 정반대로 생각하는 듯하다. 즉 '글만 좋으면 다른 건 문제될 게 없다'는 식이다. 그들은 종종 이렇게 말한다. "이 원고는 출판되기만 하면 베스트셀러가 될 것입니다." 직접적이든 간접적이든 이런 뉘앙스가 묻어나는 투고 원고에 편집자는 경악한다. 제아무리 너그러운 편집자라도 이런 원고에는 예비 저자의 자신감 정도에나 점수를 줄 수 있을 뿐이다.

한편 앞서 인용한 이야기의 결론에서 최종 낙찰된 제목, '나는 어떻게 FBI를 위해 철망 안에서 곰과 사랑을 나누었으며 그 과정에서 신을 만났나'는 하나의 메타포로 읽힐 수도 있다. 즉 원고의 콘셉트를 만든다는 것은 그가 가장 마지막까지 쥐어짜 낸 제목의 '한 방'이 보여 주는 바처럼 '신을 만나는' 것과 같다.

잘 만든 콘셉트는 원고가 완성되는 마지막 순간까지 ('신'神이 그렇게 한다고 여겨지듯) 모든 것을 관장하고 조율한다. 숨은 신을 만나는 기적은 투고 원고의 출판이 아니라 원고 안에서 적확한 콘셉트를 끌어 올리는 데서부터 시작되는 걸지도 모른다.

'이 원고가 무슨 원고인지' 간단명료하게 그리고 가능한 한 독창적으로 정의하라. 객관적인 관점에서 원고의 콘셉트가 스스로 경쟁력을 갖추도록 만드는 것이 중요하다.

편집자는 간혹 아주 쉬운 것도 종종 복잡하게 말하는 이상한 습성을 지닌 존재들이지만, 투고 원고와 기획서를 검토할 때에는 언제 그랬냐는 듯 태도가 돌변해서 간단하고 명료하고 특이하며 호기심을 불러일으키는 것을 원한다. 이 때문에 많은 예비 저자는 자신의 원고가 혹시라도 감정 조절이 잘 안 되거나 변덕이 죽 끓듯 하는 편집자에게 맡겨져 과소평가되는 건 아닐지 불안해하기도 한다. 하지만 걱정할 필요 없다. 아주 오래전부터 좋은 기획서와 좋은 원고는 각종 기획 회의, 편집 회의, 피 말리는 마감, 도서 홍보 자료 작성, 출판 관계자들과의 신경전으로 초주검이 된 편집자를 언제든지 다시 살아나게 만드는 최고의 각성제였다.

1854년에 설립된 미국의 출판사 티크너 앤드 필즈(현재

호턴 앤드 미플린 출판사의 전신)의 선임 편집자 제인 본 메렌은 이렇게 말한다. "아무리 산더미 같은 업무에 치여 산다 해도 편집자들은 늘 새로운 것을 기대한다는 사실을 잊지 말아야 한다. 비범하고 신선하며 전적으로 전문적인 저자를 만나는 일만큼 편집자에게 가슴 설레는 경험도 없다. 전문가답게 준비한 예비 기획서, 제안서 혹은 원고를 그들에게 내민다면 그들은 바로 그러한 저자를 만났다고 확신할 것이다."●

사실이 그렇다. 편집자에게 '숨은 신'을 만나는 기적이란 바로 그렇게 준비된 당신을, 아마추어일지언정 '전문가다운 태도'를 가진 예비 저자를 만나는 것이다.

●제럴드 그로스, 같은 책.

5
{ 예상 독자: 내 책을 읽어 줄 누군가를 찾는 법 }

나는 언어가 살아 있는 한 언젠가 자기 모습을 드러낼 모든
독자를 위해 쓴다.

— 귀스타브 플로베르

서점에 갔다가 '글쓰기'에 관한 책이 모여 있는 서가에
서 꽤 흥미로운 방식으로 책들이 자웅을 겨루는 모습을 본
적이 있다. 먼저 서가 왼쪽 끝에 꽂힌 책이 '100일 만에 책
한 권을 쓸 수 있는 방법'을 알려 준다. 고개를 갸우뚱하며
시선을 돌리자 옆에 있는 책이 '14주'로 맞선다(계산해 보
면 98일로 전자보다 겨우 이틀 앞선다). 이를 비웃듯 오른
쪽 중간쯤 꽂혀 있는 책이 '5주 완성'으로 승부수를 띄우려
한다. 그러자 넷 중 가장 마지막에 출간된 책이 모두를 비
웃으며 한마디로 논쟁에 종지부를 찍는다. "3일이면 끝!"

나도 덩달아 외쳤다. "맙소사!"

나는 이 서가에서 높은 음역을 잘 소화하는 참가자에게 더 높은 점수를 주는 티브이 오디션 프로그램을 먼저 떠올렸고, 그다음으로는 자신이 만드는 책이 같은 분야의 다른 책들보다 '더 읽을 만한 책'이라는 점을 '독자'에게 어떻게든 알리고 싶었던 편집자의 애처로운 고뇌를 떠올렸다. 실제로 각각의 내용을 살펴보면 정말로 5주나 3일 만에 원고를 완성한다기보다는 한정된 시간 내에 집중력을 가지고 원고를 쓰기 위한 방법들이 기술되어 있기 때문이다.

아마도 저 책들의 담당 편집자는 저자가 원고에 제시한 여러 방법 중에서도 독자를 사로잡을 만한 내용을 최대한 효과적으로 드러내고자 애썼을 테고, 다른 책들과의 차별화 요소를 '짧은 기간'으로 잡았을 것이다(아무리 그렇다고는 해도 100일이든 3일이든 과장이 심한 것 같긴 하다).

특정 주제에 반응하는 독자가 눈에 띄게 늘어나면 출판사도 그에 적합한 콘텐츠를 발굴, 생산하기 위해 온 신경을 쏟을 수밖에 없다. 앞서 출판사의 기획 회의 시간에 편집자들이 투고 원고를 앞에 놓고 던졌던 질문("이 원고를 필요로 하는 독자가 있는가?")을 기억할 것이다. 출판사가 원하는 것은 자신들이 만든 책이 가능한 한 더 많은 독자에게 가닿는 것이다. 아무리 좋은 내용을 담은 책이라도 독자가 읽어 주지 않으면 어떤 의미도 갖지 못한다. 우리는 여기서 한 걸음 더 나아가야 한다. 책을 읽어 줄 독자가 어느 정도 있다 하더라도 '적확한 독자'를 찾지 못한다면 그 책은 본연의 빛깔을 드러내지 못한 채 어두운 심연을 헤맨다.

'인문학 열풍'이 출판계를 강타한 적이 있다. 제목에 '인문학'을 붙인 책이 전례를 찾아보기 힘들 정도로 많이 쏟아져 나왔다. 경제경영, 자기계발, 에세이, 심지어 실용 분야에서도 인문학을 표방하는 이종교배가 이루어졌다. 어떤 독자들은 옥석을 가려내기 위해 이전보다 더 많은 시간과 공을 들여야 하는 문제에 봉착했다. 알맹이는 없고 껍데기만 '인문학'이란 휘장을 두른 염치없는 책들에 환멸과 자괴감을 표출하는 사람도 많았다.

그러나 이런저런 논란에도 양의 증가는 질의 향상에 일부 영향을 미친 것 같다. 그 전까지 제대로 조명받지 못했거나 소리 소문 없이 잊힐 뻔한 좋은 책들이 다시 독자와 만날 기회를 얻었고, 상대적으로 접근성이 낮았던 콘텐츠들이 다양한 형태로 가공되어 더 많은 독자를 만났기 때문이다. 더 많은 독자에게 가닿기 위해 노력한 편집자와 저자의 결실이라 할 만하다. 어쨌거나 책은 '독자'에게서 존재 이유를 찾을 수밖에 없는 운명인 것이다.

그렇다면 예상 독자를 찾아 헤매는 일은 편집자나 마케터의 몫인가? 꼭 그런 것 같지는 않아 보인다. 모든 저자는 원고를 쓰면서 자신의 책을 읽게 될 가상의 독자를 반드시 염두에 두기 마련이다. 마찬가지로 예비 저자도 자신의 원고가 지향하는 가치를 어떤 독자에게 전해 줄 것인지 생각해야 한다. 이 광활한 책의 세계에서 당신의 글을 읽어 줄 독자를 최대한 그럴듯하게 그려 보는 것이다. 어떤가? 떨리지 않는가?

나는 떨린다.

당신의 글을 읽어 줄 단 한 명의 독자

게오르그 루카치의 『루카치 소설의 이론』의 첫 문장을 좋아한다.

"별이 빛나는 창공을 보고, 갈 수가 있고 또 가야만 하는 길의 지도를 읽을 수 있던 시대는 얼마나 행복했던가? 그리고 별빛이 그 길을 훤히 밝혀 주던 시대는 얼마나 행복했던가? 이런 시대에 있어서 모든 것은 새로우면서도 친숙하며 또 모험으로 가득 차 있으면서도 결국은 자신의 소유로 되는 것이다."●

정확하게 말하면 첫 한 문장이 아니라 첫 세 문장인 셈인데, 어쨌거나 나는 이만큼 아름답고 지적이며 숭고한 오라를 내뿜는 문장을 본 적이 없다. 하루는 이 문장을 꺼내어 다시 읽다가 조금 별난 상상을 해 보았다.

책이 있는 곳으로 독자가 모이던 때가 있었을 것이다. 밤하늘의 별자리를 바라보며 길을 찾았던 그 옛날의 순례자들처럼, 텍스트와 텍스트 사이로 난 길을 따라 걸으며

●『루카치 소설의 이론』(반성완 옮김, 심설당, 1998).

지혜와 영혼의 충만을 갈망했던 사람들이 있었을 것이다. 한 권의 책이 세상에 탄생하면, 그들은 책을 등불 삼아 세상에 의미를 덧대고 확장시켰다. 사유의 경계를 조금씩 바깥으로 밀어낸 사람들은 이웃한 텍스트의 독자들과 만나기도 하고, 다른 세상으로 통하는 문을 새로 만들어 내기도 했다. 아마도 분명, 그런 때가 있었을 것이다.••

지금은? 지금은 독자가 있는 곳으로 책이 가야 한다(미리 분명히 해 두자면, 극명히 대비되는 두 시절의 좋고 나쁨을 가리려는 것은 아니며, 가릴 수 있는 것도 아니다). 프랑스의 계몽주의 사상가 볼테르는 "아무리 유익한 책이라도 그 반은 독자가 만든다"라고 말했다. 그래서 편집자는 늘 상상한다. 내가 만들고 있는 이 책을 누가 읽을 것인가? 이 책이 누군가에게 어떤 방식으로 영향을 미칠 것인가? 이 책이 어떤 독자의 책상 위에 또는 침실 탁자 위에 놓이게 될까? 이처럼 예상 독자를 떠올리는 일은 '책이 있어야 할 자리'를 마련해 주는 것과 같다.

그런데 이런 편집자들의 고민과 달리 최근에 투고하는 어떤 예비 저자들(그리고 책을 쓰고 싶어 하는 순진한 욕망을 돈벌이로 이용해 먹으려는 사람들)은 책이 '있어야 할 자리'를 독자의 책상이 아니라 서점의 진열대라고 생각하는 듯하다. 그들의 관심사는 독자에 있지 않다. 그들은 자기 자신의 명성을 갈구한다. 그들은 자신의 원고가 책

•• 이런 시절은 다시 오지 않겠지만, 최근 동네 서점이나 소규모 독자 공동체를 중심으로 꾸려지고 있는 다양한 독서모임에서 나는 저 상상 속의 시절을 다시 엿보곤 한다.

으로 출판되는 것 자체를 자기계발의 수단으로, 250쪽짜리 명함으로, 이력서에 적을 한 줄 경력으로 여긴다. 언젠가부터 '책 쓰기'가 (한 단어처럼 쓰이게 된 것도 모자라) 자기계발 도서의 목차 중 한 챕터("자기 이름으로 된 책을 내라", "책 쓰기가 답이다" 등등)에 당당히 자리 잡게 된 것 또한 이런 현상과 무관하지 않아 보인다.

이처럼 출판 자체가 목적일 때, 그래서 서점 진열대가 책의 최종 목적지가 될 때 예상 독자를 떠올릴 수 없는 것은 당연하다. 만약 개인적 성취와 대외 석상에서 내세울 경력을 위해 투고를 계획하고 있다면, 당장 이 책을 덮고 글쓰기나 책 쓰기가 아닌 좀 더 생산적인 일을 찾아 하길 바란다. 출판사도 편집자도 그런 의도가 조금이라도 보이는 투고 원고는 절대 채택하지 않을 것이다.

반대로 자신의 원고를 읽고 기쁨을 느끼거나 도움을 얻게 될 누군가가 세상 어딘가에 있을 거라고 상상한다면 계속 나아가도 좋다. 아마도 당신은 이렇게 생각해 볼 수 있을 것이다. '가족이나 친구, 가르쳤던 학생이나 직장 동료가 아니라 어디에 사는 누구인지도 모르며 평생 만날 일도 없지만 나의 원고에 관심을 가져 줄 독자, 그런 독자가 있다면 그는 어떤 사람일까?'

당신의 책이 있어야 할 곳은 서점이 아니라 독자가 있는 곳이어야 한다. 떠올릴 수 있는 독자가 단 한 명이어도 괜찮다. 굳이 '단 한 명의 예상 독자'를 강조하는 이유가 있다.

투고된 기획서에 적힌 다음 두 가지 사례를 보자.

(1) 『아프니까 청춘이다』를 읽은 200만 청춘.

(2) 취업에 어려움을 겪고 있는 사람, 퇴사를 앞두고 불안에 떠는 사람, 주어진 삶에 쉽게 만족하지 못하는 사람, 하루가 다르게 변화하는 시대에 남보다 한 발 앞서가기를 원하는 경영자, 직업이 사라진 시대를 살게 될 자녀들을 걱정하는 부모, 자신감이 없는 사람을 위한 책입니다.

일반적으로 거의 모든 투고 기획서에는 예상 독자 항목이 생략 또는 누락되어 있는데, 간혹 적혀 있다고 해도 앞의 두 사례와 크게 다르지 않은 경우가 대부분이다. 예상했겠지만, 이조차도 편집자가 볼 때는 예상 독자가 없는 것이나 마찬가지다. (1)과 같이 쓰면 투고 원고는 기획서와 함께 곧장 폐기될 가능성이 높다. (2)는 한 걸음만 더 나아가면 '한국어를 구사하는 모든 사람'이 된다(이 예비 저자는 자신의 원고가 출판될 경우 국내 독서 시장에 '코페르니쿠스적 전회轉回'를 일으킬 것임을 확신에 가득 찬 어조로 주장한다. 그러나 자신감으로 똘똘 뭉친 기획서 말미에 적힌 "아직 원고는 쓰지 않았지만 출판사만 오케이하면 일주일 안에 쓸 수 있다"라는 예상치 못한 반전은 많은 편집자에게 '내가 이러려고 투고 원고를 검토하나'라는 자괴감을 동시에 안겨 준다).

대다수의 예비 저자는 기획서에 예상 독자의 수가 '많으면 많을수록 좋다'고 써야 하는 줄로 착각한다. 여기에는 '출판사는 잘 팔릴 원고를 원한다'라는 전제가 자리 잡고 있기 때문인데, 완전히 틀렸다. 그렇게 독자를 우습게 아는 출판사는 없다. 정녕 '많으면 많을수록 좋은' 독자를 원한다면 그보다 먼저 '손에 잡힐 듯 구체적인' 독자를 떠올려야 한다.

다른 경우를 생각해 보자. 어쩌면 독자를 떠올리는 가장 간편한 방법은 이런 것일 수도 있다. 자신의 글이 자기계발 에세이일 경우 예상 독자는 '자기계발서를 즐겨 읽는 독자', 취업 관련 정보를 제공하는 글일 경우 '취업 준비생'으로 잡는 것이다. 쉽지 않은가? 그러나 이것 역시 함정이다. 초보 편집자도 이런 식으로 기획서를 썼다가 수없이 고쳐야 하는 경우가 적지 않다. 모든 간편한 방법에는 대개 고민과 성찰이 생략되어 있기 때문이다. 앞에서 언급한 독자는 현실 세계에 존재하지 않는다고 봐야 한다. 자기계발서를 즐겨 읽는 독자가 모든(그것도 처음 보는 저자가 쓴) 자기계발 에세이에 관심을 두는 것은 아니며, 취업 준비생은 책이 아닌 인터넷이나 '취준생 커뮤니티'처럼 좀 더 쉽고 빠른 경로로 자신이 원하는 최신 정보를 얻는 방식을 선호할 것이다.

당신의 원고가 만약 책으로 출간된다면 과연 어떤 독자의 선택을 받게 될까? 우선 자신의 글에 어떤 정보가 담겨 있는지(또는 담을 예정인지) 다시 한 번 정리해 볼 필요가 있다.

먼저 주제와 예상 목차에서 수집할 수 있는 키워드들이 간추려질 것이다. 그 정보가 누구에게 도움이 될 것인가? 여성인가, 남성인가? 연령대는 어떠한가? 지적 수준은 어느 정도인가? 어떤 직업군에 종사하는가? 어떤 고민을 가지고 있는가? 최근에 어떤 경험을 했는가? 앞으로 어떤 계획을 가지고 있는가? 한 달에 몇 권 정도의 책을 읽는가? 현재 원고와 비슷한 주제 또는 정보를 어떤 경로로 얻고 있으며, 앞서 출간된 유사 도서는 주로 어떤 독자에게 선택받았는가? 해당되지 않는 질문은 건너뛰어도 좋다.

이 질문들에 스스로 답하면서 예상 독자를 떠올려 보자. 다음은 내가 이 책의 예상 독자를 정리한 것이다.

핵심 독자:

완성된 원고를 출판사에 투고하기 전에 어떤 준비가 필요한지 알고자 하는 사람. 자신의 지식, 경험, 감상 등을 글로 써서 책으로 출판해 보고 싶다는 생각을 어렴풋하게나마 해 봤거나 이를 실현에 옮기기 위해 이제 막 원고를 쓰기 시작한 사람. 투고 원고를 검토하는 출판사의 특별한 기준이나 관점이 있는지, 있다면 그것이 무엇인지 궁금한 사람. 이미 한 차례 이상 투고한 경험을 가지고 있으며, 거절의 메일을 받아 본 적이 있는 사람. 그럼에도 또다시 원고를 수정하여 투고하기로 마음먹은 사람.

확산 독자:

출판사에서 일하고 싶거나 편집자의 일에 호기심을 가지고 있는 사람. 원고를 파악하는 법 또는 기획서 쓰기의 기본기를 다지고 싶은 출판사 1–3년 차 편집자. 1–3년 차 편집자를 교육하고자 하는 5–6년 차 선임 편집자. 글쓰기와 출판을 주제로 책을 쓰는 데 필요한 자료를 수집하는 작가 또는 이와 관련된 책을 준비하고 있어서 유사/경쟁 도서를 검토하고자 하는 편집자 및 마케터.

욕심이 과하다고 느끼는가? 어쨌거나 이 책이 담고 있는 내용과 맞닿아 있는 독자들임에는 분명하다. '핵심 독자'는 책의 핵심 내용을 반드시 필요로 하는 1차 타깃 독자이다. '확산 독자'는 책의 핵심 내용을 그와 직간접적으로 관련된 활동에 적용 및 참고하려는 2차, 3차 타깃 독자이다.

100만 부, 200만 부 베스트셀러를 읽은 독자는 절대 예상 독자가 될 수 없다. 예상 독자를 떠올릴 때에도 반드시 당신이 쓴 원고에 근거하라. 당신은 어떤 독자를 떠올리면서 글을 썼는가? 주위를 좀 더 자세히 둘러본다면 당신의 원고를 읽어 줄 독자는 분명히 있다.

정리하자.

첫째, 독자를 부풀리지 말 것. 바꾸어 말해 당신의 원고에 충실한 특정 독자(소수라도 괜찮다)를 찾을 것.

둘째, 그러나 당신의 원고가 세상과 어떻게 더 많은 인연을 맺게 될지 과감하고 자유롭게 상상해 볼 것.

이런 상상과 발견의 과정에서 놀라운 떨림을 경험해 보길 바란다.

지금도 어디선가 독자는 탄생하고 있다

윌리엄 진서는 『글쓰기 생각쓰기』에서 이렇게 썼다. "독자의 마음에 어떤 점 하나를 남길 것인지 결정해야 한다. 그러면 여러분이 어떤 길을 따라가야 할지 그리고 어떤 목적지에 도달해야 할지 더 잘 판단할 수 있을 것이다."● 우리는 그 '독자'를 찾아야 한다.

당신의 원고가 책으로 출간되었을 때 어떤 독자가 읽어줄지를 예상하는 것은 어쩌면 드넓고 황량한 사막 한가운데에서 신기루를 좇는 일과 같을지도 모른다. 편집자도 마찬가지다. 기획서를 쓰고 원고를 검토하고 책을 편집하다 보면 오늘날 '예상 독자'라는 항목은 전통적인 기획서를 구성하는 항목 중에서도 종이책의 '좋았던 시절'을 간신히 떠올리게 만드는 빛바랜 유물처럼 느껴질 때가 많다. 그만

●『글쓰기 생각쓰기』(이한중 옮김, 돌베개, 2007).

큼 시장을 읽어 내기가 어렵다는 뜻이다.

한편 시장 읽기의 어려움과 별개로 예상 독자 떠올리기의 난감함은 종종 출판 시장 침체라는 담론의 일부로 떠넘겨지기도 한다. 모두가 알다시피 출판 시장은 지난 십수 년간 위기가 아닌 적이 없었다. 독서 인구는 나날이 감소하는 추세에 있으며, 출판사가 찍어 내는 초판 발행 부수도 평균 3천 부에서 2천 부대로 떨어졌다. 운이 좋아 중쇄를 찍는다 해도 초판 발행일과의 간격이 점점 멀어지고 있다. 초판 출간 후 일 년 내에 중쇄를 찍으면 다행이라 여길 정도이다. 어떤 편집자는 "결국 우리가 만든 책 한 권 한 권에 담긴 내용을 알고 있는 인구가 한국에 2천 명도 채 안 되는 것"이라 자조하며 쓰디쓴 술잔을 털어 넘기곤 한다.

도대체 우리의 예상 독자는 어디에 있을까? 정말로 '그 어딘가에서' 찾을 가능성 같은 게 있기는 할까? 이 질문에 답하기는 쉽지 않지만 분명한 사실 한 가지는 당신이 계속 글을 쓰는 한(그리고 어디선가 나와 같은 편집자들이 책을 만들고 있는 한) 끊임없이 독자를 찾아 헤매야만 한다는 것이다. 출판 시장의 위기가 독자의 멸종을 의미하는 것은 아니며, 지금도 어디선가 새로 태어난 독자들이 새로운 콘텐츠의 탄생을 기다리고 있을 것이기 때문이다.

자조와 한탄으로 가득 찬 간밤의 술자리를 마치고 난 다음 날 아침, 편집자가 몽롱한 정신으로 인터넷 서점에 접속한다. 바로 지난주에 출간된 책의 반응(편집자는 뉴스

아래 달린 댓글은 안 봐도 자신이 만든 책에 달린 독자들의 서평은 반드시 본다)을 살피기 위해서다. 그새 독자 서평이 몇 개 달려 있다. 게다가 모두 호평 일색이다. 몽롱했던 정신이 갑자기 활기를 찾는다. 그리고 부랴부랴 그 책의 저자에게 전화를 건다.

"선생님, 우리 책을 반가워해 주는 독자가 분명히 있을 줄 알았다니까요!"

6
{ 기획서의 완성도를 높이는 법 }

예비 기획서를 보내는 일이 낚시와 같다는 점을 기억하자. 낚싯대에 너무 많은 미끼를 달아 놓으면 낚시감을 잃고 만다. 간결하고 간단명료한 방식으로 그리고 열정을 담아 읽는 사람이 감질나도록 만들어야 한다.
— 제인 본 메렌●

4장과 5장에서 우리는 기획서를 구성하는 요소 중 가장 중요하다고 생각되는 '콘셉트 잡는 법'과 '예상 독자 찾는 법'을 각각 살펴보았다. 이제 몇 가지 항목을 더해 기획서를 완성하는 단계로 나아갈 것이다.

고백하건대 기획서를 쓰는 일은 편집자에게도 책을 만드는 일만큼 중요하고 어려운 업무이다. 출판사에 따라 기

●제럴드 그로스, 같은 책.

획자와 편집자를 구분해서 업무를 분담하는 경우가 있지만 대부분의 출판사에서 기획자와 편집자는 한 몸이다. 주어진 원고를 출판 가능한 상태로 다듬어 책으로 만들어 내는 편집자의 역할, 주목할 만한 콘텐츠와 저자를 찾기 위해 촉을 세우고 책이 될 만한 아이템을 만들어 내는 기획자의 역할을 동시에 수행한다.

출판사의 방향, 편집자의 안목이나 능력에 따라 가중치를 달리할 수는 있어도 기획과 편집이 칼로 무 자르듯 나뉠 수 없음은 분명하다. 책이 만들어지는 과정을 모르면 뜬구름 잡는 기획이 될 수밖에 없고, 어떤 맥락에서 원고가 생산된 것인지 모르면 헛다리 짚는 편집이 될 수밖에 없기 때문이다. 편집자가 기획자고, 기획자가 편집자인 셈이다.

편집자는 서점가에서 유명세를 탄 저자들, 이미 해당 분야에서 좋은 책을 집필한 '경험'이 있는 저자들에게 끊임없이 새로운 콘셉트를 내세운 기획서를 보낸다. 저자를 설득하려면 편집자는 저자의 전작은 물론 최근의 관심사, 지면을 통해 발표한 인터뷰나 칼럼 등에 대한 반응도 미리 살펴야 한다. 편집자가 발굴한 신인 저자의 경우도 크게 다르지 않다. 아직 저서는 없지만 그동안 글을 발표해 온 지면이나 인터뷰 자료를 꼼꼼히 읽고 그가 어떤 주제를 어떻게 가장 잘 쓸 수 있을지 예측해야 한다. 때에 따라서는 기존 매체에 실었던 칼럼 한 편이 그대로 콘셉트와 주제,

책의 제목으로 이어지기도 한다.

이제 몇 가지 가능한 주제가 떠오르면 그와 관련된(또는 반대 지점에 있는) 책들을 찾아 검토해야 한다. 다른 책에서는 그 주제를 어떤 관점에서 다루었는지, 어떤 관용이나 비판이 가능할지도 예측한다. 자료 수집과 검토 과정을 마치면 최종적으로 저자가 흥미를 보일 만한 주제를 확정해서 기획서를 작성한다.

편집자의 기획서는 예상 저자, 콘셉트, 예상 독자, 예상 목차, 시장분석 등이 핵심을 이루며, 그 밖의 항목으로는 편집 및 출간 계획, 책의 형태(판형과 장정), 마케팅 계획, 목표 판매 부수 등이 있다. 경험 많은 선임 편집자의 조언, 마케터가 제공한 데이터를 참고해 여러 차례 수정을 거칠 때도 많다. 그런 다음에야 최종 승인된 기획서가 물망에 오른 저자에게 발송된다.

예비 저자가 써야 할 기획서도 편집자의 기획서와 크게 다르지 않지만 이보다 더욱 간결하게 핵심이 되는 항목만 남기는 것이 좋다. 예비 저자가 써야 할 투고 기획서의 주요 항목을 보자.

(1) 기초 정보:
원고의 가제, 저자 이름과 연락처, 원고의 분야 등.
(2) 기획 의도 및 콘셉트:
왜 썼으며, 무엇을 어떻게 썼는가? 불필요한 말은 줄이고, 자세하게 설명한다기보다는 두세 줄짜리 광고 카피를 적는다는 느낌으로 작성한다. 자신의 원고를 돋보이게 만드는 매력적인 표현들이 떠오를 것이다.

(3) 예상 독자:

핵심 독자와 확산 독자의 모습을 가능한 한 구체적으로, 현실에 있을 법한 모습으로 기술한다. 책은 언제나 독자와 일대일로 마주한다는 사실을 기억하라. 절대 판매 부수를 들먹이거나 독자의 범위를 과장하지 않는다.

(4) 예상 목차:

원고의 장, 절에 포함된 차례를 모두 적을 필요는 없다. 전체적으로 어떻게 구성되어 있는지 파악 가능하도록 각 장의 제목 정도만 적어도 충분하다. 때로는 길게 늘어뜨린 차례가 기획서의 간결성을 해치기도 한다. 각 장마다 한두 줄로 내용을 요약해 보여 주는 것도 한 가지 방법이다.

(5) 저자 프로필:

정확한 사실만을 적되, 원고를 쓰게 된 직접적인 계기를 포함하면 좋다. 투고하는 원고가 다른 누구도 아닌 자기 자신의 치열한 고민과 삶 속에서 탄생한 것임을 증명하라.

(6) 유사 도서 분석:

원고를 쓸 때 롤모델이 되어 준 책이 한두 권쯤은 있기 마련이다. 같은 분야에 있는 유사 도서를 제시하고, 내 원고의 차별화 요소를 밝히면 좋다. 자신의 원고가 이 책들보다 잘 팔릴 것이라고 장담하지 말 것.

이와 같은 여섯 가지 항목만 충실히 작성한다면 더없이 훌륭한 기획서를 완성할 수 있을 것이다. 본격적으로 샘플 기획서를 살펴보기 전에 (가장 별것 아닌 것 같으면서도 가장 쓰기 까다롭다는) 프로필 작성법을 간단히 짚고 넘어가자.

호기심을 불러일으키는 프로필

기획서에 포함되는 프로필은 압축하고 또 압축해서 쓴 자기소개서라고 할 수 있다. 많아야 대여섯 문장을 넘기지 않는 편이 좋다. 개인사를 적기보다 투고하는 원고와 당신의 삶이 어떻게 연결되어 있는지, 왜 이런 글을 쓰게 되었는지를 써라. 솔직 담백하게 있는 그대로의 사실만 쓴다면 그것으로 충분하다. 다음 두 개의 프로필을 보자.

(1) 어려서부터 책을 좋아했고, 글쓰기를 좋아했습니다. 부모님의 반대에도 글을 쓰고 싶어서 문창과에 들어갔습니다. 어른이 된 지금도 글을 쓸 때 가장 큰 행복을 느끼는 사람입니다. 일 년에 한 권씩 책을 써서 40세에는 베스트셀러 작가가 되는 꿈을 꿉니다. 이번에 첫 책이 나오면 주위 사람들에게 알려서 베스트셀러가 될 수 있도록 열심히 뛰겠습니다.

(2) 1995년부터 현재까지 중학교 국어 교사로 일하고 있습니다. 이십 년 넘게 교단에 있으면서 한국의 비정상적인 교육 현실과 어른의 무관심이 얼마나 아이들의 마음을 삭막하게 만드는지 깨달았습니다. 수년 전 근무했던 학교에서 수업 시간마다 교실 맨 뒷자리 한쪽 구석에 엎드려 자고 있던 아이를 떠올리며 글을 쓰기 시작했습니다. 지금도 앞으로도 마음이 닫혀 있는 많은 청소년에게 손 내밀어 주는 글을 쓰려고 합니다.

당신이라면 두 사람 중 어떤 사람의 글을 먼저 보고 싶은가? (2)번 프로필은 짧은 몇 문장 안에 자신이 어떤 사람인지, 원고의 의도와 목적이 무엇인지, 심지어 앞으로 자신의 글이 가고자 하는 방향까지 모두 드러냈다. 출판사가 예비 저자에게 원하는 것은 높은 학력이나 대기업 재직 유무나 개인적인 희망 사항 같은 게 아니다. 어떻게 하면 프로필만 보고도 원고에 호기심을 갖게 만들지 몇 번이고 고쳐 써라.

샘플 기획서

[투고 기획서]

1. 기초 정보

가제: 나는 지금 막 여행에서 돌아왔다

투고자: ○ ○ ○ (연락처: 이메일과 휴대폰)

분야: 여행, 에세이

2. 기획 의도 및 콘셉트

우리는 일상을 훌훌 털고 말 그대로 훌쩍 여행을 '떠나지는'
못하지만, 언제 어디서나 여행을 '꿈꾸는' 삶을 산다. 그래서
어쩌면 여행이란, 여행을 둘러싼 시간(여행하기 전과 여행한
뒤의 시간)에 의해 더 세련되게 다듬어지고 완성되는 것이
아닐까? 떠나기 전의 기대와 설렘. 돌아온 뒤의 아쉬움과
그리움. 이런 감각들이 없다면 과연 여행을 온전히 꿈꿀 수
있을까?

여행이 없다면 떠남도 돌아옴도 없다. 이 사실은 자명하며,
많은 여행 에세이가 일상을 주변부에 위치시키고 여행(지)에
초점을 맞추는 것과도 상통한다. 이는 '일상-[여행]-일상'의
구조이다. 그러나 이 책은 기존의 도식을 전복시키고 뒤튼다.
이 책의 전제는 "떠남과 돌아옴이 없다면 여행도 없다"이다.
즉 '여행-[일상]-여행'의 구조라 할 수 있다. 여행의 과정을

떠올려 보자. 그 모든 과정에서 우리의 마음을 절정으로 치닫게 하는 순간은 언제였던가? 집 앞 버스 정류장에서 공항 리무진에 몸을 실을 때, 활주로에 들어선 비행기가 굉음 속에서 이륙을 시작하던 순간 아니었나?

여행을 준비하고 계획하는 순간들도 이미 여행의 범주에 녹아 들어간다. 여행에서 막 돌아온 사람은 언젠가 다시 여행을 떠날 미래의 어느 지점 사이에서 몽상가가 된다. 여행 이전의 삶과 이후의 삶이 다른 것과 마찬가지로 여행을 준비하고 몽상에 빠지는 시간도 보통의 삶과는 다르다. 그래서 이 책은 떠나지 않아도 되는, 떠날 것을 강요하지 않는 독특한 여행 에세이다. 지나간 여행에서 얻은 것과 잃은 것을 현재 나 자신의 삶에 비추어 성찰하고, 언젠가 다시 떠나게 될 여행에서 얻고자 하는 것을 계획하도록 도와주며, 이러지도 못하고 저러지도 못한 채 제자리에 묶여 쳇바퀴 돌듯 돌아가는 일상에 여행의 오라를 선사한다. 독자는 이 색다른 '여행'(이라 쓰고 '일상'이라 읽게 만드는) 에세이를 통해서 때로는 자기 자신마저 별 볼 일 없다고 여기곤 했던 일상의 평범한 순간들을 좀 더 의미 있고 풍요로운 시간으로 바꾸어 볼 수 있을 것이다.

3. 예상 독자

(1) 핵심 독자

국내 또는 외국 여행 경험이 적어도 한 번쯤은 있고, 없더라도 늘 여행을 꿈꾸며 통장에 돈이 모이면 곧장 비행기 티켓을

끊을 마음이 있는 삼십 대 초중반의 직장인 미혼 여성 독자.
직장이든 어디에서든 현재 처한 상황이 갑갑하다고 느끼지만
당장 뛰쳐나오기는 어려워 상상으로만 여행을 떠나는 사람.
포털 사이트의 여행자 카페에 회원으로 가입되어 있고, 수시로
드나들며 관련 정보를 수집, 공유하는 사람.

(2) 확산 독자
소설 또는 에세이 분야의 책을 주로 읽으며, 에세이 중에서도
여행을 테마로 한 책에 더욱 관심을 보이는 사람. 『걷기예찬』,
『걷기의 인문학』 또는 『내 방 여행하는 법』, 『여행의 기술』과
같이 작고 가벼운 인문 분야의 책을 접한 경험이 있는 사람.
가까운 미래에 여행을 떠날 계획이 있는 사람.

4. 예상 목차
1. 착륙
2. 나는 지금 막 여행에서 돌아왔다
3. 평범한 삶을 살기의 어려움
4. 낯익은 장소들에서 발견한 낯선 나
5. 의도적으로 길을 잃었을 때 발견한 것들
6. 다시 돌아올 것을 알면서 떠나기로 결심하다
7. 여행, 그 비범한 평범함에 대하여
8. 이륙

5. 저자 프로필
삼십 대 중반까지 안정적인 직장에서 평범한 직장인으로

살았습니다. 입사한 지 십 년 만에 처음으로 떠난 유럽 여행은
예상과 달리 어렵고 힘들었으며, 여행에서 돌아온 뒤에는 돌연
회사를 그만두는 등 많은 변화를 겪었습니다. 그 후 몇 차례
여행을 떠났다가 다시 돌아올 때마다 삶을 관찰하는 시각이
달라져 있음을 발견했습니다. '여행, 그 비범한 평범함에
대하여'라는 글을 개인 블로그에 올린 뒤 많은 분이 공감해
주었고, 이에 용기를 얻어 글을 쓰게 되었습니다.

6. 유사 도서 분석

(1) 알랭 드 보통, 『여행의 기술』, 청미래, 2011.
여행에 얽힌 거의 모든 주제에 관한 저자 특유의 예술적
사유와 성찰이 담긴 책. 여행 에세이의 스테디셀러. 구성
또한 '출발'에서 시작해 '도착'으로 끝나며, 각 장에는 저자가
의도적으로 배치한 '장소'와 '안내자'(예술가들)가 있다. 구성의
일부, 예술가들의 생각과 여행이 연결되는 방식에 주목했다.

(2) 카트린 지타, 『내가 혼자 여행하는 이유』, 걷는나무, 2015.
저자는 "누구나 한 번은 자기만의 일과 행복을 찾기 위해
여행을 떠나야 한다"라고 말한다. 여행은 자신이 원하는 삶을
발견하고 삶의 우선순위를 다시 정리하는 가장 좋은 방법이다.
심리코칭 전문가인 저자가 여행을 매개로 인생의 나침반이
되어 줄 만한 문장을 꺼내 놓는 방식이 매우 흥미로웠다.

기획서를 만들어 가는 과정이 투고의 과정이다

예비 저자에게는 편집자가 기획서를 작성할 때 도움을 주는 숙련된 선임 편집자의 조언도, 시장 동향을 알려 주는 구체적인 분석 데이터도 없다. 물론 예비 저자는 편집자들처럼 선임 편집자의 "다시 써 와!"라는 지긋지긋한 말을 듣지 않아도 되지만, 사실 그건 불행하게도 예비 저자가 편집자들에게 기획서를 보여 줄 수 있는 기회가 오직 단 한 번뿐이라는 것을 의미한다.

그럼에도 예비 저자에게는 그 어떤 편집자도 갖지 못한 강력한 무기가 있으니, 바로 자기 자신이다. 예비 저자는 편집자가 일반적으로 기획서를 작성할 때 가장 자주 벽에 부딪히곤 하는 예상 저자 찾기를 할 필요가 없다.

그러니 자신감을 더 많이 가져도 좋다. 앞에서 살펴본 것과 같이 편집자의 기획서 작성법과 비슷한 사고 체계에 따라 일목요연하게 정리된 기획서가 준비되어 있다면, 폐기될 운명에 놓인 다른 수많은 원고 뭉치 사이에서 당신의 원고가 살아남을 확률을 조금 더 높일 수 있을 것이다.

한 가지만 더 짚고 넘어가자. 어느 시점에 기획서를 다듬고 구체화해야 할까? 만약 원고를 탈고한 뒤와 투고 메일을 보내기 직전의 짧은 시기에 기획안을 작성하려 한다면 원고를 써 온 시간만큼을 더 들여야 할지 모른다. 당신의 원고가 왜 출판되어야 하는지를 증명하기 위해서 서점의 수많은 서가 사이를 탐험하고 이런저런 자료를 수집하는 일은 원고를 쓰기 시작하는 순간부터 투고 메일을 보내기 직전까지 수시로, 끊임없이 이루어져야 한다.

원고를 쓰겠다고 처음 마음먹은 시점이나 본격적으로 원고를 쓰기 전에 작성해 놓은 개요 또는 구성안이 있는가? 원고를 시작할 때와 탈고할 때의 시점 사이에 상당한 차이가 있다 하더라도 처음에 적어 놓은 메모나 아이디어 스케치는 기획서를 완성해 나가는 데 매우 중요한 힌트가된다.

예상 독자를 염두에 둔 적절한 문체, 문장의 난이도, 흥미로운 주제에 부합하는 소재, 창의적인 논리 전개, 소재와 사례의 신선함…… 이 모든 것이 기획안이 지시하는 방향과 일치해야 하며, '당신 자신의 문장' 속에서 최대한으로 발휘되어야 한다.

잘 쓴 기획서는 투고 원고의 부속 자료에 머무르지 않는다. 잘 쓴 기획서는 편집자가 당신의 원고에 호기심을 느껴 원고로 더 깊이 들어가게 만들 뿐 아니라, 더 나아가 진지하게 출판을 고려해 볼 만하다고 생각하게 만들 것이다.

7
{ 투고할 출판사를 찾는 법 }

당신이 할 수 있는 것 혹은 할 수 있다고 꿈꾸는 것, 그것을 시작하라. 천재성과 힘 그리고 마법은 대담함 속에 들어 있다.

— 요한 볼프강 폰 괴테

도대체 투고는 언제 하느냐고 묻는 목소리가 슬슬 흘러나오기 시작하는 듯하다. 지난한 과정을 참고 견뎌 가면서 기획서까지 완성한 마당에 더 이상 시간을 지체할 수 없다는 것이다. 말릴 생각은 없다. 지금까지 그래 왔던 것과 마찬가지로 모든 결정은 당신에게 달려 있다. 원한다면 지금당장 투고하라. 단, 그 전에 한 가지만 묻고 싶다.

"어느 출판사에 투고할 것인가?"

이 질문을 보고 어떤 예비 저자는 고개를 갸우뚱할지도

모른다. 왜냐하면 그는 투고에 필요한 자료가 어느 정도 잘 준비만 된다면 이른바 '무작정 투고'(또는 '내 맘대로 투고')를 할 작정이었기 때문이다. '무작정 투고'란 자신의 원고가 가진 성격이나 속한 분야 등과는 상관없이 출판사의 이메일 주소만 확보되면 일단 투고하고 보자는 태도를 말한다.

나는 몇몇 출판사의 편집자들이 "최소한 우리 출판사에서 무슨 책이 나오는지나 알아보고 나서 투고를 했으면 좋겠다"라고 한탄 조로 말하는 것을 자주 들었다. 자기만의 고유한 주제를 가지고 특정 분야의 책을 꾸준히 펴내고 있는 출판사의 편집자들은 이런 '무작정 투고'에도 일일이 반려 메일을 보내야 하는 건지 진정으로 심각하게 고민했다.

최대한 많은 출판사에 투고하는 것이 어떤 예비 저자에게는 하나의 전략일지 모른다. 수집한 출판사의 목록이 많으면 많을수록 안도감을 느끼기 때문일 수도 있다. 실제로 내 메일함에 쌓여 있는 수많은 투고 원고를 살피다 보면 '많은 예비 저자가 투고할 출판사의 목록을 만들 때 나름의 기준을 세우는 게 아닐까' 하는 생각이 들기도 한다. 당신도 다음과 같은 기준에 따라 투고 원고를 보내려는 것은 아닌지 생각해 보라.

(1) 베스트셀러를 낸 출판사

(2) 제법 규모를 갖춘 종합 출판사(이른바 대형 출판사)

(3) 투고 원고를 받는 메일 주소가 공개된 출판사(그냥 '아무 출판사'라고 써도 무방함)

기준이 아예 없는 것은 아니니 차라리 다행이라고 해야 할까? 물론 투고 원고가 정식 출판 계약을 맺고 책으로 출판되는 일이 매우 드문 우리 출판계의 현실에 비추어 보면 이런 '무작정 투고'를 절대로 납득하지 못할 행위로만 볼 수는 없을 것이다. 처음 투고한 몇몇 출판사에서 이미 거절당한 원고라서 갈 데까지 가 보자는 심정으로 계속 투고하는 경우도 분명 여기에 포함될 것이다.

그 절박한 심정마저 냉정한 눈으로 바라보고 싶지는 않다. 자신의 원고에서 빛나는 무언가를 발견해 줄 편집자가 어딘가에 분명히 있을 거라는 믿음은 어쩌면 편집자와 출판사의 입맛에 맞게 세련된 형식으로 투고하는 법을 익히는 것보다 훨씬 더 중요할지도 모른다. 또한 이런 믿음이야말로 당신이 설사 서른세 번 퇴짜를 맞는다 해도 다시 투고할 용기를 내도록 도와주는 원동력이 될 테니 말이다.

출판사를 찾기 위한 첫 단추 끼우기

하지만 이런저런 각각의 사정이 있음에도 투고하기로 마음먹었다면 어떤 출판사가 당신의 원고를 좀 더 유심히 살펴봐 줄지 객관적인 관점에서 면밀히 조사해 보기를 바란다. 본격적으로 원고를 보낼 출판사를 찾기 전에 당부하고 싶은 말이 있다.

우선 '베스트셀러를 낸 출판사'에 대한 기대와 환상을 버려라. 개인적인 경험에 따르면 베스트셀러를 낸 출판사라고 해서 뭔가 특별한 마케팅 비법이 숨겨져 있는 것은 아니며, 당신의 원고에 없던 날개를 달아서 또 하나의 베스트셀러로 만들어 줄 가능성도 그리 크지 않다. 책을 만들고 더 많은 독자에게 닿도록 하는 일은 베스트셀러 브랜드가 아니라 사람이 하는 것이다.● 반드시 그 출판사여야만 하는 특별한 목적 또는 원고의 성격과 상관없이 베스트셀러 출판사라서 투고하겠다는 계획은 과감히 철회하는 것이 좋다. 만일 당신도 그렇게 생각해 왔다면 혹시 '베스트셀러 출판사에서 책을 낸 저자'라는 허울뿐인 후광이 자신에게 덧씌워지기를 막연히 바랐던 것은 아닌지 다시 한 번 돌이켜 보기를 바란다.

● 앞으로 출판사의 브랜드 가치가 갖는 영향력과 중요성은 베스트셀러의 유무가 아니라 그 출판사가 얼마나 지속적이고 일관된 콘텐츠로 최대한의 편집 능력을 발휘하여 타깃 독자와 소통해 왔는가에 따라 파악될 것이다. 다음 글은 예비 저자가 장기적으로 어떤 관점에서 출판사를 바라보아야 하는지에 대해 유용한 관점을 제공한다. "독자를 깊이 이해하고 그 삶의 품격을 높여 주며 영혼에 감동을 불러일으키는 콘텐츠를 제공하는 일이야말로 출판사의 가장 본원적 능력이다. (……) 이 능력이 출판사의 진화를 위한 출발점이다. 현재 같은 미디어 환경에서 책을 만드는 능력 이상으로 편집력을 진화시켜 새로운 사업 모델을 만들지 못하면, 출판사의 정체성이나 존재 의미는 계속 약해질 수밖에 없다." 장은수, 『출판의 미래』, 오르트, 2016.

그렇다면 '제법 규모를 갖춘 종합 출판사'는 어떨까? 이 또한 많은 예비 저자에게는 꼭 도전해 볼 만한 선택지 중 하나로 여겨지는 듯하다. 그곳은 말 그대로 다양한 분야의 책을 펴내는 종합 출판사이므로 어떤 종류의 원고라도 긍정적인 측면에서 검토해 줄 것이라는 예측이 어느 정도 가능하기 때문이다. 정말 그럴까? 문제는 그렇게 생각하는 예비 저자가 당신 한 명이 아니라는 데 있다. 무작정 그런 출판사를 중심으로 투고하겠다는 계획은 당신의 원고를 경쟁률이 극심한 환경으로 밀어 넣는다는 것을 의미한다. 참고로 밝히면, 이 글을 쓰고 있는 현재 내가 일하고 있는 출판사는 그리 크지 않은 규모임에도 최근 육 개월간 한 달 평균 투고 원고 수가 110건을 넘었으며,[**] 그중 계약된 원고는 단 한 건이다.

물론 베스트셀러 출판사와 대형 출판사에는 절대 투고하지 말라는 뜻은 아니다. 실제로 막상 투고할 출판사를 찾다 보면 서점에서든 어디서든 눈에 좀 더 잘 띄고 활발히 책을 펴내는 출판사 말고는 선택의 여지가 없다고 느낄지도 모른다. 또 그런 출판사들은 베스트셀러 혹은 스테디셀러를 한두 종 이상 보유하고 있거나 어느 정도 규모를 갖춘 곳일 가능성이 높다.

반대의 경우도 있을 것이다. 대부분의 소규모 출판사는 검증되지 않은 저자인 데다 시장성마저 불투명한 투고 원고에 관심을 가질 여력이 현실적으로 부족하다. 이들에게

[**] 2017년 7월 103편, 8월 89편, 9월 116편, 10월 143편, 11월 147편, 12월 95편.

는 책 한 권의 성패가 출판사의 존폐 문제로 직결될 수 있다. 그러므로 규모가 큰 출판사일수록, 대중적으로 좀 더 널리 알려진 출판사일수록 투고되는 원고의 수가 비례해서 증가하는 것은 어쩌면 당연한 결과일지도 모른다.

그럼에도 나는 이런 당부가 투고의 거의 마지막 단계에서 뜻있는 예비 저자들에게 유용한 지침이 되기를 기대한다. 왜냐하면 투고할 출판사를 조사하고 찾다 보면 자연스럽게 자신의 원고를 다시 한 번 최종적으로 검토해 볼 기회를(미안하지만 여기서도 다시 원고로 되돌아가야 한다) 가질 수 있기 때문이다.

이제 출판사를 찾는 과정에서 다음과 같은 질문을 던져 볼 수 있을 것이다. 어떤 분야에서 두각을 드러내는 출판사인가? 특정 분야에서 전문성을 인정받고 있는가? 특정 분야에 한정되지 않고 여러 분야의 책을 일정한 수준 이상으로 펴내는 출판사인가? 나의 원고는 그 출판사가 집중하는 분야에 있는 다른 책들과 비교할 때 어떤 강점을 지녔는가? 나의 원고는 그 출판사에서 출간된 책들이 미처 다루지 못한 주제 또는 이미 출간된 책들보다 더욱 깊이 있는 주제를 담아내고 있는가?

이런 질문에 스스로 답하다 보면 궁극적으로 당신의 의도와 원고의 주제에 가장 충실한 책을 출판해 주리라 예상되는 출판사를 찾을 수 있을 것이다. 앞에서도 여러 번 강조했듯이 당신의 목표가 '책을 한번 내 보는 것' 그 자체에 있지만 않다면 말이다.

이제 목표는 확실해졌다. 당신의 원고와 어울리는 출판사, 당신의 원고와 기획서가 보여 주는 주제에 관심을 보일 출판사, 만일 운 좋게 출판 계약이 성사된다면 원고가 책이 되어 가는 모든 과정에서 당신의 의도와 고민을 가장 잘 이해해 줄 만한, 그런 출판사를 찾는 것이다.

당신이 왜 그 출판사에 투고하려는지 분명한 목적과 이유가 있어야 한다. 그것 없이는 어디에도 투고하지 마라.

출간 목록이 출판사의 정체성이다

어느 출판사에 투고해야 할지 잘 모르겠다면, 우선 가까운 서점으로 가라. 이때는 도서관보다 서점이 낫다. 서점에서는 수많은 책이 매시간 새롭게 진열되고 또 팔리면서 끊임없이 '살아 움직인다.' 요컨대 서점에 답이 있다. 아마도 당신은 '잘나가는' 책 몇 권을 집어 들고 판권지에 적힌 출판사의 연락처와 이메일 주소를 메모하려 할 것이다. 좋다. 하지만 우리는 여기서 한 걸음 더 나아가야 한다.

투고를 준비하는 당신이 책 한 권에서 확인해야 하는 것은 판권지에 적힌 연락처만이 아니다. 어떤 책이 시장에서 괜찮은 반응을 얻고 있거나 언론 및 독자에게 전반적으로 긍정적인 평가를 받고 있다면 대체로 해당 콘텐츠를 발굴 또는 생산해 낸 출판사의 안목과 높은 편집 능력이 뒷받침

되어 있을 가능성이 높다. 표제와 부제, 카피와 디자인, 구성과 세부 내용 등 책의 전체적인 만듦새가 어떠한가? 이런 관점에서 한 권의 책을 파악한다면 그 출판사의 기획력과 편집력을 어느 정도 짐작할 수 있다.

책 한 권을 충분히 살펴보았다면 이제 출판사의 출간 목록을 파악하는 단계로 넘어간다.● 한 권의 책만 보고 출판사의 특징을 파악하기는 쉽지 않다. 어떤 출판사의 다양한 출간 목록을 파악하는 작업은 적어도 잘나가는 책 몇 권만 가지고 한 출판사의 성향을 속단하지 않도록 도와줄 것이다. 출간 목록은 눈에 보이는 것만이 전부가 아니다. 예를 들어 어느 출판사의 최근 일 년간 출간 목록과 그 이전의 출간 목록을 비교해 봄으로써 그 출판사가 어떤 새로운 주제들에 관심을 갖기 시작했는지도 알 수 있게 된다.

당신이 눈여겨보고 있는 출판사는 어떤 분야에서 어떤 주제로 그리고 얼마나 꾸준히 책을 내고 있는가? 출간 목록에는 분야 전문성이나 편집 역량뿐 아니라 그 출판사가 오랫동안 천착해 온 관심사와 세계관, 끈기와 고집이 모두 들어 있다 해도 과언이 아니다.

이제 서점에 있는 다양한 분야의 책과 그 책들을 펴낸 출판사들이 어떤 자리에서 어떻게 독자를 만나고 있는지 구체적으로 살펴보자.

● 이 작업은 인터넷 서점에서 하는 것이 훨씬 수월하다. 눈여겨본 출판사가 있다면 지금 바로 인터넷 서점 검색창에 출판사 이름을 입력해 보라. 분야별 도서 목록, 최근 출간 목록, 판매량 등의 기준으로 정렬되어 한눈에 파악하기 쉽다.

책의 분야와 출판사 지도 만들기

출판사의 편집자와 마케터는 처음 업무를 배울 때 책과 독자가 만나는 공간인 서점의 도서 분류 체계를 모두 파악하여 정리해야 한다. 예를 들어 국내 최대 서점이라 불리는 광화문 교보문고가 어떤 기준으로 책의 분야를 나누고 있는지, 독자들이 서점에 들어서면 어떤 동선에 따라 움직이는지 등을 살핀다. 시내에 있는 대형 서점뿐 아니라 인터넷 서점들이 나누어 놓은 저마다의 분야 체계도 모두 익혀야 한다.

이런 작업을 하는 목적은 크게 두 가지다. 첫째, 자신의 출판사에서 출간되는 책들이 어디에 가서 놓일지, 해당 분야가 전체 분야에서 차지하는 비중이 얼마나 되는지 등을 예측하기 위해서다. 둘째, 해당 분야 내에서 출간된 다른 책들과의 비교 분석을 통해 우리 책이 더 높은 상품 경쟁력을 확보하도록 만드는 것이다.

예비 저자들도 투고할 출판사를 찾기 위한 한 가지 방법으로 반드시 이와 같은 작업을 미리 해 둘 필요가 있다. 만일 시간이 부족하다면 자신이 투고할 원고가 놓이게 될 분야와 해당 분야에서 팔리고 있는 책들의 목록만이라도 유심히 살펴보라. 이렇게 서점을 탐험하다 보면 (저 수많은 책이 자기만의 정해진 터전에 정확히 자리 잡고 있다는 놀라운 사실과 함께) 각각의 분야에서 강점을 지닌 다양한 출판사의 면면을 마주하게 될 것이다. 의외로 꽤 짧은 시간 안에 출판 시장의 흐름(최근 출간되는 책들의 주제, 독자의 반응, 판매 지수/세일즈 포인트, 서점마다 조금씩 다른 분위기 등)을 파악할 수 있다.

다음은 교보문고의 도서 카테고리를 간략히 정리한 것이다.● 여기서는 각 분야 내 1차 하위분류까지만 정리했다. 교보문고 웹페이지에서 [경제/경영] 〉 [경영일반] 카테고리를 따라 들어가 보면 다시 [국내경영이야기], [해외경영이야기], [국내기업가], [외국기업가]로 나뉘는 것을 확인할 수 있다. 이렇게 나만의 분야 지도를 만들어 놓고 주기적으로 해당 분야의 신간을 점검하다 보면 자연스럽게 내 원고와 어울리는 출판사의 목록도 만들어질 것이다.

[경제/경영] 〉 [경영일반] [경영이론] [경영관리] [경영전략] [경제일반] [경제이론] [기업경제] [각국경제] [기업실무관리] [마케팅/세일즈] [유통/창업] [재테크/금융] [무역/운송] [관광/호텔]

● 총서, 문고, 교재(학습지, 참고서, 취업), 잡지, 만화, 유아, 어린이, 청소년 등은 제외했다. 출판사들은 교보문고를 포함해 알라딘, 예스24, 인터파크를 '4대 인터넷 서점'이라고 부른다. 각 서점마다 분야 구분 방식에 조금씩 차이가 있으므로 반드시 네 군데 서점을 각각 확인하는 것이 좋다. 예를 들어 같은 [경제 경영] 분야라도 예스24는 [경제] [경영] [마케팅/세일즈] [투자/재테크] [CEO/비즈니스맨] [인터넷비즈니스] [총람/연감] [정부간행물] 등이 1차 하위 항목을 차지한다.

[**자기계발**] 〉 [성공/처세] [자기능력계발] [비즈니스능력계발] [인간관계] [화술/협상] [청소년자기계발]

[**인문**] 〉 [인문학일반] [심리학] [교육학] [유아교육] [특수교육] [철학] [문학이론] [한국문학론] [영미문학론] [중국문학론] [세계문학론] [언어학] [독서/글쓰기] [문헌정보학] [역학/사주]

[**역사/문화**] 〉 [역사일반] [세계사] [서양사] [동양사] [한국사] [신화] [민속학] [문화일반] [문화사] [역사인물] [역사기행] [청소년 역사] [지리학]

[**종교**] 〉 [종교일반] [기독교(개신교)] [가톨릭] [불교] [그외종교]

[**정치/사회**] 〉 [정치/외교] [행정/정책] [국방/군사] [법학] [사회학] [사회복지] [언론/신문/방송]

[**예술/대중문화**] 〉 [예술일반] [미술] [만화/애니메이션] [디자인/색채] [패션/의류] [음악] [사진/영상] [연극] [영화] [예술기행] [청소년예술]

[**과학**] 〉 [과학이론] [도감] [교양과학] [수학] [물리학]

[**화학**] [생물학] [지구과학] [천문학] [청소년 교양과학] [초과학]

[**기술/공학**] 〉[건축/인테리어] [토목/건설] [환경/소방/ 도시/조경] [자동차/운전] [공학일반] [금속/재료] [기계/역학/항공] [전기/전자] [농수산/축산] [생활과학] [의학]

[**컴퓨터/IT**] 〉[컴퓨터공학] [IT에세이] [컴퓨터입문/활용] [전산통계/해석] [OS] [네트워크] [보안/해킹] [데이터베이스] [개발방법론] [게임] [웹프로그래밍] [프로그래밍 언어] [모바일프로그래밍] [OA/사무자동화] [웹사이트] [그래픽] [멀티미디어] [CAD]

[**가정/육아**] 〉[결혼/가정] [임신/출산] [육아] [자녀교육] [살림의지혜] [홈인테리어]

[**건강**] 〉[건강일반] [뇌건강] [한방치료] [자연건강] [건강식사] [질병치료/예방] [다이어트] [운동/트레이닝] [피부관리/메이크업]

[**여행**] 〉[국내여행] [해외여행] [여행에세이] [테마여행] [인기지역]

[**요리**] 〉 [요리일반] [요리에세이] [테마별요리] [베이킹/
간식] [계절요리] [재료별요리] [나라별요리] [생활요리]
[전문요리] [와인/커피/음료]

[**취미/실용/스포츠**] 〉 [가정원예] [홈인테리어/수납] [생활
공예/DIY] [살림의지혜] [애완동물] [등산/낚시] [바둑]
[골프] [무술] [스포츠] [레크레이션/게임] [퀴즈/퍼즐/
스도쿠] [무용] [체육] [취미일반]

투고할 때 유의해야 할 것

이번 장에서 살펴본 내용을 바탕으로 당신의 원고와 어
울리는 적절한 출판사들의 윤곽이 어느 정도 드러났기를
바란다. 마지막으로, 당신이 공들여 조사하고 가려 뽑은
출판사들에 투고할 때 조금만 더 신경 쓰면 좋을 만한 몇
가지 사항을 정리했다.

투고 원고를 바라보는 편집자들의 관점은 대개 어떤 주
제를 어떤 콘셉트로 어떻게 썼는가에 맞춰져 있지만, 가끔
씩은 예비 저자들의 아주 사소한 실수가 원고 검토 자체를
망설이게 만들기도 한다. 아래 정리한 내용은 투고하는 예
비 저자들이 최소한 '이 정도는 지켜 줬으면' 하는 편집자
들의 바람이기도 하다. 여우는 아무리 좋아하는 음식이라

도 주둥이가 좁은 호리병에 담겨 있으면 먹을 수 없다. 여우 같은 편집자들에게 보여 줄 당신의 원고를 두루미만 먹을 수 있는 호리병에 담아 보낼 것인가? 아니면 누구라도 먹기 편한 둥글납작한 접시에 담아 보낼 것인가?

1. 출판사의 이름을 틀리지 말 것

투고 메일을 보내기 전 출판사 이름을 정확하게 썼는지 두 번 이상 확인하라. 만일 다른 출판사에 투고했던 메일을 주소만 바꿔서 다시 보내고자 한다면 메일 본문뿐 아니라 첨부하는 기획서 등과 같은 자료에 출판사 이름이 잘못 적혀 있지 않은지도 꼭 확인하라. 나는 내가 일하는 출판사의 이름이 잘못 적혀 있는 투고 원고는 검토하지 않는다.

2. 여러 개의 수신 메일 주소가 노출되지 않게 할 것

수신자 목록에 적게는 30개 많게는 50개 이상의 출판사 주소가 한꺼번에 노출되는 경우가 많다. 여러 군데 출판사에 투고하는 것이 잘못은 아니며, 그 사실을 편집자도 충분히 이해하고 있다. 그럼에도 어떤 편집자는 이런 메일을 받으면 성의껏 검토할 의욕이 꺾인다.

3. 베스트셀러가 될 원고라고 장담하지 말 것

베스트셀러는 저자 혹은 출판사가 '이렇게 될 것이다'라

고 확신하거나 주장한다고 되는 것이 아니다. 이력서에 적는 희망 연봉을 그 회사의 CEO가 받고 있는 수준보다 높게 적어서 제출하는 지원자를 당신이라면 채용하겠는가? 같은 맥락에서 예상 독자가 '베스트셀러를 읽은 200만 독자'라거나 '대한민국의 모든 청춘'이라고 적어서는 안 된다(5장 '예상 독자'를 다시 한 번 읽을 것).

4. 출간 기한이나 계약 조건을 언급하지 말 것

출판사는 매년 목표로 하는 출간 종수와 계획을 정하고 그에 따라 움직인다. 출간 계획에 없던 투고 원고를 계약한 뒤 곧바로 편집 작업에 돌입하는 경우는 극히 드물다. 출간 일정은 나중에 편집자와 천천히 상의해도 늦지 않다. 계약금이나 인세율 등을 기획서에 적을 필요도 없다. 뛰어난 원고라고 계약금을 더 주거나 인세율을 팍팍 올려 줄 출판사는 없다. 이 또한 계약 단계에서 상의하면 될 일이다.

5. 원고를 디자인하지 말 것

인디자인 같은 편집 프로그램을 사용해 거의 완성된 책 형태로 원고를 투고하면서 "이대로 출판 가능합니다"라고 쓰는 건 "나는 편집자의 조언을 받아들이지 않을 것이며, 그럴 필요를 못 느낀다"라고 말하는 것과 같다. 편집자는 그런 투고 원고는 검토할 필요를 못 느낀다. 원고의 가독성을 높여 편집자가 좀 더 검토하기 편하게 만드는 것이 목적이라면 그 목적에만 충실하면 된다.

6. 프로필을 과대 포장하지 말 것

간단한 확인만으로도 들통날 거짓말은 하지 마라. 특히 페이스북이나 인스타그램의 팔로워 수, 자신이 운영하는 카페 회원 수, (출판 경력이 있는 경우) 전작의 판매 부수 등을 내세우고자 한다면 부풀림 없이 사실 그대로 적어라. 덧붙이자면 당신의 SNS 팔로워 수가 책의 판매 부수와 같을 거라고 절대 장담하지 마라. 출판사는 팔로워 수의 5퍼센트 정도만이 실제 구매로 이어지는 독자라고 예측할 것이다.

7. 여러 차례 투고하지 말 것

처음 투고한 뒤 마음에 안 드는 부분이나 부족한 내용 등을 수정, 보완했다며 다시 투고하는 예비 저자들이 있다. 똑같은 내용을 제목만 바꿔서 보내는 사람도 있다. 기획서에 가제목을 5~6개씩 나열해 놓고 그중 하나가 책의 제목이 되면 좋겠다고도 한다. 사소한 것이긴 하지만 편집자의 눈에는 원고와 콘셉트에 대한 확신이 없는 것으로 비칠 수 있다. 투고하기 전에 충분히 원고를 고쳐라. 가제는 고심해서 만든 콘셉트에서 추출하거나, 차례 중 호기심을 끌 만한 것으로 정하면 충분하다.

8. 사전 약속 없이 출판사를 방문해 미팅을 요청하지 말 것

대부분의 출판사가 이메일로 투고 원고를 접수받는다. 출판사의 원칙이 그렇다면 그 원칙에 따라 투고하는 것이 가장 좋다. 만약 인터넷을 다루지 못한다면 미리 전화를 걸어서 우편으로 또는 직접 찾아가 투고할 수밖에 없는 사정에 대해 양해를 구하는 것이 좋다.● 사전 약속 없이 출판사를 찾아가 편집자에게 미팅을 요청하지 마라.

9. 검토 결과를 빨리 알려 달라고 독촉하지 말 것

투고 원고가 접수되면 대부분의 출판사는 곧바로 접수 완료 및 예상 검토 기간을 알리는 내용의 답장을 보낼 것이다. 출판사가 안내해 준 내용을 믿고 기다리면 된다. 만일 어떠한 안내 메일도 받지 못했다면 수신 확인 차원에서 다시 한 번 연락을 취해 볼 수는 있을 것이다(물론 이것도 그다지 추천하는 바는 아니다). 그러나 이때에도 검토 결과를 빨리 알려 달라고 말하지 않는 것이 좋다.

10. 거절의 이유를 설명해 달라고 요청하지 말 것

이건 원칙이라기보다는 예비 저자인 당신이 상처받지

● 출판사는 대개 "투고 원고 반환의 의무를 지지 않는다"라고 사전 고지한다. 우편 또는 방문 투고할 때에는 반드시 원고의 복사본을 보내고, 검토 후 원고를 돌려 달라고 종용하지 마라. 참고로, 우편으로 투고하면 출판사에서 답장을 받기까지 한 달이 넘게 걸릴 수도 있다. 파일 형태의 원고는 모든 편집자가 동시에 회람할 수 있지만 종이 형태의 원고 한 부는 편집자 한 명밖에 읽지 못하기 때문이다.

않기를 바라는 마음에서 쓰는 것이다. 운이 좋아 열 군데 출판사에서 거절의 이유를 듣게 되었다고 치자. 열 군데 모두 "저희 출판사와 방향이 맞지 않아서"라고 반복하거나 열 군데 모두 각각 다른 열 가지 이유를 말할 것이다. 냉정하게 말하면 이 두 종류의 답변 모두 사실은 한 가지를 말하는 것이다. "원고가 별로예요."

앞에 나열한 사항은 모두 당신이 쓴 원고의 '내용'과는 그다지 관계가 없으며, 단지 투고할 때 갖추면 좋을 형식과 태도에 초점을 맞추고 있다. 조금만 주의를 기울인다면 누구나 쉽게 바꾸고 적용할 수 있다는 얘기다. 이와 같은 사항들이 (철저하게는 아니라도) 어느 정도 지켜질 때 편집자는 주저하거나 망설이지 않고 당신의 원고로 곧장 들어갈 것이다.

8
{ 책이 되어 가는 과정에 동참하는 법 }

세상에서 책만큼 기묘한 상품도 드물다. 그것을 이해하지 못하는 사람들에 의해 인쇄되고, 그것을 이해하지 못하는 사람들에 의해 팔리고, 그것을 이해하지 못하는 사람들에 의해 장정裝幀되고 검열되고 읽힌다. 또한 그것을 이해하지 못하는 사람들에 의해 집필된다.

— 게오르크 크리스토프 리히텐베르크

지금까지 당신은 초고를 써 내려갈 때보다 몇 배는 더 고통스러워하면서 원고를 고쳐 쓰고 또 고쳐 썼다. '나는 왜 쓰는가?', '어떻게 써야 하는가?', '누가 읽을 것인가?' 처음에는 미처 생각지 못했던 질문들이 머릿속을 떠다녔다. 글을 고치는 중간중간에 서점과 도서관을 밥 먹듯 드나들면서 책들이 독자와 만나는 수많은 모습을 관찰했다.

원고를 마무리한 뒤에도 기획서를 마무리하는 데 일주일 정도의 시간이 걸렸다. 기발한 콘셉트를 만들어 내느라 머리털이 한 움큼 빠지기도, 당신의 글을 읽어 줄 미지의 독자를 떠올리는 동안 이따금씩 설레기도 했다. 모든 준비를 마친 뒤 당신이 지금까지 눈여겨보았던 출판사들, 당신의 원고를 당신이 상상했던 모습에 가장 가깝게 만들어 줄 것 같은 출판사들의 목록을 간추렸다.

그리고 마침내 투고했다.

투고 메일을 보낸 지 일주일 정도가 흐를 즈음 저장되어 있지 않은 낯선 번호 하나가 당신의 휴대폰을 울린다. 낯선 사람이 자신을 어느 출판사의 편집자라고 소개하며 인사한다. 그는 당신에게 좋은 원고를 투고해 준 데 대해 감사의 인사를 먼저 전하고, 원고가 마음에 들어 책으로 출판하고 싶다고 말한다. 이렇게 해서 편집자와의 첫 미팅 날짜가 정해진다.

이변이 없는 한, 이제부터 당신은 출판사의 엄연한 저자(드디어 '예비'가 떨어져 나가는 순간이다!)로서 원고가 책이 되어 가는 과정을 하나씩 지켜보고 때로는 몇몇 과정에 동참하게 될 것이다. 이번 장에서는 투고한 뒤에 벌어지는 일 가운데 알아 두면 쓸모 있을 법한 사항들을 간략하게 소개한다.

출판사 선택하기

투고했던 원고를 퇴짜 맞은 뒤 "제 원고가 그렇게 이상한가요?"라고 묻기는 쉽지 않다. 설사 물어본다 해도 정확한 이유를 알 수는 없을 것이다. 그러나 당신의 원고를 출판하자는 연락을 받고 편집자와 처음 만나는 자리에서는 무엇이든 물어보고 답할 수 있다. 이 자리에서 편집자와 주고받는 대화가 중요하다.

편집자는 당신의 원고에서 인상 깊었거나 아쉬웠던 점, 출판을 결정하게 된 결정적 이유 등을 이야기할 것이다. 더불어서 왜 이런 글을 쓰게 되었는지, 어떤 독자들에게 읽히기를 바라는지, 왜 다른 출판사가 아닌 우리 출판사에 투고했는지 등등을 물어볼 수도 있다. 이 질문들에 답하기 위해 따로 특별한 준비를 할 필요는 없다. 이미 우리가 기획서를 쓰는 과정에서 스스로 묻고 답한 것이므로.

그러나 이 자리에서 당신에게 또 하나의 중대한 과제가 주어진다. 그 출판사에서 책을 출판해도 될지 결정하는 것이다. 단 한 군데의 출판사에서 연락이 왔는데 이런 절호의 기회를 스스로 차 버리라니, 말도 안 된다고 생각할지 모르겠다. 절대 그렇지 않다. 이제 당신에게도 선택권이 있다. 무조건 고개만 끄덕이는 대신 당신의 원고를 출판사에서 어떻게 바라보고 있는지, 시장성이 있다고 판단한 근거가 무엇인지, 미흡한 점을 어떤 방식으로 보완해야 하는지 등등을 적극적으로 질문하라. 출판사가 당신의 원고를 선택했다고 당신도 그 출판사를 선택하라는 법은 없다.

특히 다음과 같은 유형의 출판사라면 절대 계약해서는 안 된다. 제작이나 마케팅에 들어가는 비용 등을 들먹이며 예산의 일부를 분담하라고 슬며시 권하는 출판사. '출판계 1위', '100권 이상 만든 최고의 편집자', '최고의 마케팅 비법', '베스트셀러 메이커' 등과 같은 휘황찬란한 말로 자화자찬을 늘어놓는 출판사. 상식적인 기준에 비해 저자의 권리를 보호해 주는 중요한 항목들(전자책, 2차 저작권, 수출 등)을 누락시킨 채 계약을 종용하는 출판사.

이들의 공통점이 무엇인지 보이는가? 하나같이 당신의 원고에 대해 이야기하지 않는다는 점이다. 한다고 해도 "글이 괜찮던데요?" 같은 인사치레 정도가 전부일 것이다. 원고를 보지 않고 저자를 돈벌이 수단으로 바라보는 출판사와는 절대 함께 일하지 마라. 선택하지 않는 것도 당신의 선택이다.

출판 계약서 쓰기

계약서의 양식과 일부 조건들은 출판사마다 다르기 때문에 일반화하여 설명하기는 쉽지 않다. 간혹 어떤 예비 저자들은 자신의 원고가 드디어 책으로 출판된다는 기쁨에 빠진 나머지 출판사가 제시하는 조건에 마냥 고개만 끄

덕이고 마는 경우가 있다. 절대 그래서는 안 된다. 계약은 신뢰를 기반으로 이루어지는 것이긴 하지만, 계약서에 적힌 모든 표현과 숫자는 저자와 출판사의 이해가 첨예하게 충돌하는 만약의 사태를 방지해 줄 수도 있다.

출판사와 계약을 앞두고 있거나 첫 미팅 후 출판사의 계약서 초안을 받아 검토하는 중이라면, 한국출판문화산업진흥원 홈페이지(www.kpipa.or.kr)에 공개되어 있는 '출판 분야 표준 계약서 양식'을 참고하기를 권한다.

출판사와 저자가 통상적으로 맺는 계약은 종이책과 전자책 모두를 대상으로 하는 '출판권 및 배타적 발행권 설정 계약서'로, 이는 출판권 설정 계약과 배타적 발행권 설정 계약이 합쳐진 것이다.●

출판 계약을 맺을 때 내가 저자들에게 가장 중점적으로 설명하는 것(저자가 가장 유심히 들여다보아야 할 항목)은 대략 다음과 같다.

(1) 권리의 존속 기간:

계약 기간이 몇 년인지 확인하라. 계약 만료일로부터 몇 개월 전에 해지 통보를 해야 하는지, 해지 통보가 없을 경우 자동으로 연장되는 계약 기간은 몇 년이며 이는 몇 회 가능한지 등을 살펴보라.

● 배타적 발행권이란 "전송 등의 방식으로 저작물을 이용하여 종이책 이외의 유형물을 만드는 데 필요한 권리"를 말하며 대표적으로 전자책이 여기에 해당한다.

(2) 계약금과 인세율:

일반적으로 '선인세'라 통칭하는 계약금은 말 그대로 나중에 저자가 받게 될 인세의 일부를 계약이 완료되는 시점으로 앞당겨 선지급하는 금액이다. 인세율은 일반적으로 정가의 10퍼센트 수준에서 정해진다. 예를 들어 책의 정가가 1만 원이면 저자는 인세로 1,000원을 받는다.

(3) 인세 정산 및 지급:

출판사마다 조금씩 다른 재무 체계와 나름의 운영 방식 때문에 기준이 다를 수 있다. 인세를 정산하는 기준(발행 부수, 출고 부수, 실판매 부수)을 확인하고, 정산된 인세가 언제(연 2회, 연 4회, 중쇄 발행 시) 지급되는지 확인하라. 이해가 안 되는 점은 담당 편집자에게 반드시 물어보라.

(4) 전자책:

전자책 수요가 늘어나면서 종이책과 동시에 전자책을 출간하는 경우가 많아지고 있다. 전자책과 관련한 인세 정산과 지급 방식을 반드시 확인하라.

이 정도 사항을 확인하고 책이 출판된 뒤에도 잊지 않도록 하라. 계약서는 양자의 의무를 이행하도록 할 뿐 아니라 저자의 지적재산권이라는 소중한 권리를 보호하는 중

요한 목적을 갖는 서류이다. 두 번 세 번 확인해도 지나치지 않다.●

편집 프로세스 이해하기

계약을 맺고 나면 편집자는 본격적으로 출간 예정일을 잡고 그에 맞게 편집 계획을 세워 저자에게 알린다. 당신은 이제부터 편집자와 긴밀히 소통하면서 책이 만들어지는 과정을 하나씩 겪게 될 것이다. 당신의 담당 편집자를 믿고 존중하면서 해야 할 것과 저자로서 승인해야 할 것들을 차근차근 해 나가면 된다. 그러나 일이 막상 닥쳤을 때 아무것도 모르는 채로 받아들이는 것과 조금이라도 편집 프로세스를 이해하고 있는 상황에서 받아들이는 것은 큰 차이가 있다.

다음은 아주 간략하게 정리한 편집 프로세스이다. 이를 통해서 책이 만들어지는 과정에 어떤 방식으로 동참할 수 있을지 생각해 보라.

● 좀 더 구체적이고 실감 나는 출판 계약 과정이 궁금하다면 『삶은 어떻게 책이 되는가』(임승수, 한빛비즈, 2014)를 추천한다. **121**

계약
↓
편집 계획서 작성
(콘셉트, 디자인, 마케팅 방향 수립)
↓
(1) 원고 구성 및 워드프로세서 상태에서 교정 교열
↓
[본문 디자인]
↓
교정지 1교
↓
[(2) 제목 확정 및 핵심 카피 완성,
마케팅 세부 계획 수립]
↓
교정지 2교
↓
[표지 디자인]
↓
3교, (3) 표지 확정
↓
(4) 저자 최종 교정
↓
본문과 표지 인쇄소 송고
↓
제작
↓
출간 및 배본

보다시피 대괄호로 묶은 디자인과 마케팅 작업은 순차적 진행이 아닌 편집자의 업무 진행과 동시에 이루어진다. 현실적으로 이 모든 과정에 저자가 직접 참여하는 것은 불가능하지만 최소한 밑줄 그은 단계에서 편집자는 반드시 저자의 의견과 동의를 구한 뒤에 진행해야 한다. 밑줄 친 단계들의 내용을 간략히 살펴보자.

(1) '워드프로세서 상태에서 교정 교열' 단계란 한글 또는 워드 프로그램에 작성된 초고 파일을 바탕으로 교정 교열 작업을 하는 것이다. 출판사들은 이를 'PC 교정', '화면 교정', '워드 교정' 등으로 부른다. 이는 편집 계획서를 바탕으로 콘셉트, 전체 구성, 추가되어야 할 내용 보완, 문단과 문단의 논리적 흐름, 문장 교열(윤문), 오탈자 수정, 제시된 인용이나 데이터 등에 대한 사실관계 확인, 추가되어야 할 삽화나 도표 준비 등 전반적인 작업이 이루어지는 단계이며, 이때 확실히 '각'을 잡아 두어야 교정지(원고가 실제 책 본문의 형태로 디자인된 것)를 보는 단계에서 불필요한 수정을 줄일 수 있다.

(2) 편집자는 제목 회의가 열리기 전부터 이미 책의 콘셉트를 반영한 여러 개의 제목 시안을 놓고 고심했을 것이다. 저자가 제목 회의에 참여할 수는 없지만 미리미리 편집자에게 충분히 자신의 의견을 얘기하고 방향을 공유하

는 것이 좋다. 제목이 한 번에 나오지 않는다고 불안해할 필요도 없다(내가 만든 어떤 책은 제목 짓는 데 5주가 걸리기도 했다). "책은 제목이 반이다"라고 말하는 편집자도 있고, "제목이 전부다"라고 말하는 편집자도 있다. 이는 내용이 뒷전이라는 의미가 아니라 그만큼 좋은 제목을 짓는 데 어려움이 따른다는 뜻이다. 좋은 제목은 책의 콘셉트와 내용을 충실히 반영하고, 전에 없던 새로운 것이어야 하며, 누구나 쉽게 기억해 편하게 떠올릴 수 있고, 그 자체로 메시지가 되기도 해서 입말에 오르내리기 편해야 한다. 불가능할 것 같지만, 그런 제목은 정말로 나온다.

(3) 제목과 핵심 카피가 완성되면 그로부터 몇 주 후 표지 시안을 검토하게 될 것이다. 대개 편집자들은 시안이 나오자마자 회의를 거쳐 출판사 내부적으로 결정된 안을 가지고 있지만, 저자의 동의나 승인 없이는 진행하지 못한다. 다만 예를 들어 "저는 디자인 감각이 없으니 출판사에서 하시는 대로 따르렵니다"라고 답하기보다는 "첫 번째 시안의 방향이 이 책과 맞는 것 같고, 제목이나 카피 같은 요소가 훨씬 눈에 잘 들어옵니다"라고 답한다면 담당 편집자도 든든함을 느낄 것이다. 투고하기 전 당신이 얼마나 많은 책을 참고하고 서점에서 방황했는지 떠올려 보라. 그랬다면 아마도 표지 디자인을 읽는 당신의 안목도 조금은 높아져 있을 것이다.

(4) 저자 최종 교정은 3교 즈음에 이루어질 것이다. 3교지는 실제로 출판될 책 본문의 모습과 가장 가까운 상태다. 처음 투고했을 때의 원고에서 많은 것이 바뀌어 있을 가능성이 높다. 이미 처음 교정 교열 단계에서 확인한 것들이므로 큰 이견은 없을 테지만, 혹시라도 그사이 교정 단계에서 당신이 의도했던 것들이 편집자의 실수로 삭제되었거나 미처 바로잡지 못한 오류가 있지 않은지 살펴야 한다. 이 단계에서 꼼꼼하게 확인하지 않으면 책으로 나온 뒤에 식은땀을 흘리게 될지도 모른다. 당신이 책의 저자이자 주인이라는 사실을 잊지 마라.

서문 쓰는 법

우선 다음 인용을 보자.

제목은 압축 파일과 같다. 저자의 의도가 잘 파악되지 않거나 주제를 놓치고 싶지 않을 때, 독자는 마치 스님들이 화두를 잡듯 제목을 잡고 늘어져야 하고, 언제나 제목으로 되돌아가야 한다. (……) 제목이 압축 파일이라면 서문은 그것을 푸는 암호다. 서문은 이 책이 쓰여진 동기와 방법론을 설명해 주며, 저자가 다루고 있는 질문의 윤곽과 주제를 명료하게 해 준다. 많은 서문은 친절하게 내용을 요약해 주기도 하는데, 이러한 저자의 수고는 특히 방대한 분량의 저서를 읽을 때 독자의 주의가 흐트러지는 것을 방지해 준다. 내가 읽고 있는 책을 해설해 주는 최고의 참고서는 비평가의 해설도 서평가의 독후감도 아닌, 서문이라는 것을 명심해야 한다.●

서문을 먼저 써야 본격적으로 글을 쓸 수 있는 사람이 있고, 반대로 원고를 탈고한 뒤에 서문을 쓰는 방식을 선호하는 저자도 있다. 특별한 경우가 아니라면 나는 저자들에게 원고를 탈고한 뒤, 최종 교정지가 나오기 전 어느 시점에 서문을 써 달라고 요청한다(정해져 있는 것은 아니지만, 대개 제목이 결정된 이후일 때가 많다). 이미 써 놓은 서문이 있어도 다시 수정해 달라고 요청한다. 두 가지 이유가 있다.

첫째, 처음 투고할 때의 콘셉트와 책을 만드는 과정에서 새롭게 도출된 콘셉트가 다른 경우. 처음 콘셉트에서 조금이라도 방향이 수정되었다면 서문도 다시 써야 한다.

둘째, 앞의 인용에서 언급한 바와 같이 독자에게 책의 "동기와 방법론", "저자가 다루고 있는 질문의 윤곽과 주제를 명료하게" 설명해 주는 서문이 필요하다고 생각되는 경우. 지금 읽고 있는 페이지에 손가락 하나를 잠시 끼워 둔 채 앞으로 돌아가 이 책의 서문이 어떻게 쓰였는지 다시 한 번 살펴보기 바란다.

●『위대한 서문』(에드먼드 버크 외, 장정일 엮음, 열림원, 2017).

이 책의 서문(머리말)은 크게 네 덩이로 나뉘어 있다. 가장 중요한 첫 번째 덩이는 이 책의 핵심 콘셉트와 핵심 독자, 핵심 단어에 대한 간단명료한 정의다. 기획서에 담겨야 할 중요한 항목들이 더욱 짧게 요약된 형태로 들어 있는 것이다. 두 번째 덩이는 "왜 이 책을 썼는가?"라는 질문에 대한 대답이자, 이 책이 다른 유사한 책들 사이에서도 어째서 읽을 만한 책인지를 설명한다. 독자가 책을 읽기 전에 품을 만한 의심을 해소하고, 이 책이 가진 나름의 장점을 부각한다. 세 번째 덩이는 이 책이 '투고'란 주제를 어떻게 다루는가를 설명한다. 이 책에 담긴 주요 내용과 구성, 풀어 나가는 방식 등을 보여 주는 데 목적이 있다. 이와 더불어 나는 이 책이 갖는 나름의 한계(물론 이것까지 참고할 필요는 없다)를 적시했다. 마지막 네 번째 덩이는 감사의 글이다. 감사의 글 같은 경우 편집자가 써 달라고 요청한다고 해서 쓰는 것은 아니며, 때에 따라 나는 저자에게 "이 책을 누구에게 바치고 싶은지" 묻곤 한다. 때로는 헌사가 책의 존재 이유와 방향과 내용을 규정한다.

정리하자면 서문에는 핵심 콘셉트와 독자, 집필 동기, 체제와 방법론 등을 모두 포함하는 것이 좋다. 투고할 때 샘플 원고 안에서 굳이 서문의 완성도를 높이려고 애쓰지 않아도 된다. 이는 충실한 기획서로 얼마든지 대신할 수 있다.

당신이 아직 예비 저자라면 서문 쓰기는 아껴 두기를 바란다. 지금은 더 완성도 높은 원고, 잘 정리된 기획서를 쓰는 것이 먼저다. 다가올 언젠가 출판 계약을 맺은 뒤 저자로서 '곧 출간될 책을 위한' 진짜 서문을 쓸 날이 반드시 찾아오기를 바란다.

맺음말
{ 초대받지 않은 손님들의 이야기를 시작하자 }

    오래전에 일한 한 작은 출판사에서 있었던 일이다. 마감이 닥쳐서 늦은 밤까지 회사에 남아 원고를 보고 있는데 전화가 한 통 걸려 왔다. 외국에서 걸려 온 전화였다. 전화를 건 남자는 자신이 요즘 이러저러한 주제로 글을 쓰고 있는데 책으로 출판할 수 있느냐고 물었다. 그러나 나는 기획서와 샘플 원고를 메일로 보내시라고 앵무새처럼 반복하며 '안내'하는 데 급급했을 뿐, 그가 현재 무슨 일을 하고 있으며, 왜 굳이 한국의 이런 작은 출판사로 전화를 걸었는지, 원고에 어떤 내용을 담을 예정인지 등등을 설명하는데도 무심한 태도로 일관했다. 그야말로 호기심도 없고 영혼도 없는 말투였으니, 그로서는 편집자가 아니라 녹음된 안내 음성과 대화하는 듯한 절망적인 기분에 사로잡혔다 해도 전혀 이상할 게 없었을 것이다.

전화를 끊고 나자 마침 건너편 자리에서 함께 야근을 하던 사장님이 나에게 무슨 전화였느냐고 물었다. 자초지종을 들은 사장님은 "우리 같은 출판사는 언제나 새로운 기획에 목말라 있고, 특히나 그런 주제를 가진 원고라면 우리의 출간 목록과도 결이 다르지 않은 듯한데 어떻게 그렇게 메일로 다시 보내라는 말만 반복하고 끊을 수 있느냐"며 지적했다. 아직도 그때의 일을 떠올리면 내가 그토록 한심한 편집자였던 것이 한없이 부끄럽다.

그 후로 수년간 많은 저자를 만났다. 그중에는 많지 않지만 투고 원고로 인연을 맺은 저자도 있었다. 그 저자들과 일하면서 나는 철없던 편집자 시절의 황당하고도 부끄러운 기억을 잊지 않으려고 애썼다. 마찬가지로 이 책에도 지금까지 내가 의도했든 의도하지 않았든 간에 무심히 지나쳐 버렸거나 책이 될 수 없는 각종 이유를 갖다 대며 기획 회의 시간에 반대 의견을 냈던 수많은 투고 원고 그리고 그 원고의 저자들에게 미안한 마음을 담고자 했다. 그 행간의 의미가 조금이라도 전해졌다면 좋겠다.

그 시절의 나와 달리, 실제로 지금의 많은 편집자는 늘 새롭고 참신한 기획에 목말라 있으며, 좋은 원고만 있다면 기꺼이 자신의 편집 역량을 최대한 발휘할 준비가 되어 있다.

움베르토 에코는 "작가는 다른 작가들을 염두에 두며 글을 쓰지만, 아마추어는 자기 이웃이나 직장 상사를 의식하며 글을 쓴다. 그래서 아마추어는 그들이 자기 글을 이해하지 못할까 혹은 그들이 자기의 대담성을 용납하지 않을까 저어한다(대개는 부질없는 걱정이지만 말이다). 아마추어는 말줄임표를 마치 통행 허가증처럼 사용한다. 다시 말해서 그는 혁명을 일으키고 싶어 하면서도 경찰의 허가를 받고 혁명을 하려는 사람과 다름이 없다"●라고 썼다.

이 책을 거의 다 써 갈 무렵이 되자 예비 저자들이 보내는 수많은 원고 속에서 망설임과 의기소침, 부질없는 걱정과 지나친 조심성 같은 수많은 말줄임표가 더 많이 보였다. 예비 저자는 초대받지 않은 손님인가? 전혀 그렇지 않다. 대개 초대받지 않은 손님이 가져온 무언가가 스토리를 더욱 흥미진진하게 만드는 법이다. 만약 투고 원고가 없었다면 의외로 많은 출판사가 자신들만의 관점에 갇힌 채 아사했을지도 모른다.

당신이 충분히 준비된 예비 저자라면, 당신을 기다리고 있는 출판사는 분명히 어딘가에 있을 것이다. 부질없는 걱정일랑 집어치우고 대담하게 자기 자신의 삶을, 당신 자신의 글을 쓰기 바란다.

마지막으로 책을 쓰는 내내 예비 저자들에게 말을 거느라 어디에도 쉽게 써넣지 못한 말을 사족으로 덧붙인다.

● 『세상의 바보들에게 웃으면서 화내는 방법』(이세욱 옮김, 열린책들, 2003).

이 땅의 모든 편집자는 아직 세상 누구에게도 도착하지 않은 책에 저마다의 숨결을 불어넣기 위하여 매일같이 힘겨운 발걸음을 내딛는다. 그 걸음걸음 속에 책이 주는 기쁨과 슬픔, 편집자로 살아간다는 것의 자존감과 자괴감이 수없이 교차한다. 모든 선후배, 동료 편집자에게 소심한 안부를 전한다.

내가 이 책을 쓰면서 직간접적으로 참고하고 도움받은 책들을
아래에 소개한다. 예비 저자는 물론이고 수많은 원고를
검토하는 편집자도 함께 읽기를 권한다.

글쓰기 생각쓰기 윌리엄 진서, 이한중 옮김, 돌베개, 2007

1976년에 미국에서 초판이 나왔고, 국내에 번역된 책은
30주년 기념판이다. 이 책의 원제는 'On Writing Well', 즉
'잘 쓰는 것에 관하여'이다. 세간에 알려진 대로 글쓰기의
고전이다. 원서 제목보다 한국어판 제목에서 저자의 의도가
훨씬 더 잘 드러나는 듯하다. '좋은 글이란 무엇인가?'라는
질문에 저자는 "인간미와 온기"가 느껴지는 글이라고
답한다. 이것이 이 책 전체를 관통하는 주제이다. 문학,
인터뷰, 여행기, 과학과 기술, 비평, 유머 등과 같은 다양한
형식의 글쓰기까지 다루고 있어 실전 응용에 좋은 참고가
된다. '작가들의 작가' 윌리엄 진서는 2015년 향년 92세로
사망했다. 국내에 『공부가 되는 글쓰기』(유유, 2017),
『스스로의 회고록』(엑스북스, 2017)이 출간되어 있다.

글쓰기의 최전선 은유, 메멘토, 2015

저자는 "쉬이 매료되는 줏대 없는 사람"이라고 자신을
설명하는데, 나 또한 쉬이 매료되는 사람이라서 이 책에

어쩔 수 없이 그리고 순순히 매료되고 말았다. 문득 이런
생각이 들었다. 이 책에서 가장 많이 쓰인 단어는 무엇일까?
'글쓰기'일까? 직접 세어 보지는 않았지만 분명 '글쓰기'나
'쓰다'는 아닐 것이다. 내가 이 책에서 오래도록 기억한 단어는
'삶', '살다' 그리고 '사람'이었다. '좋은 글이란 무엇인가'라는
추상적인 질문 앞에 나 스스로 나른하게 내놓곤 했던 대책
없는 답변들이 이 책을 읽은 뒤 대부분 폐기되었다. "내가 쓴
글이 숨 막히는 세상에 청량한 바람 한 줄기 위안이 되는 것도
좋지만, 사막을 옥토로 만들 물음의 씨앗을 품고 있다면
더 좋을 것이다. '질문하는 글'은 '생성하는 삶'으로 이어진다."
아무렴, 이 인용문에도 '삶'이 존재한다.

나는 왜 쓰는가 조지 오웰, 이한중 옮김, 한겨레출판, 2010

오웰의 빼어난 에세이를 한데 모아 읽을 수 있게 된
것만으로도 크나큰 기쁨을 준 책이다. 오웰의 에세이들을
나름의 기준으로 선별하고 배열한 이 책의 기획자와 번역자의
노고에 감사를 표하고 싶다. 수록된 에세이의 제목 「나는 왜
쓰는가」를 책 제목으로 선정한 것도 (시장성 측면에서) 탁월한
결정이었다. 실제로 독자들은 단지 '나는 왜 쓰는가'라는
질문에 대한 힌트를 얻기 위해 이 책으로 들어왔다가 『1984』,
『동물농장』의 작가 오웰이 아닌 탁월한 에세이스트의 눈을
가진 오웰과의 경이로운 만남을 경험하면서 나가게 될 것이다.
사실 이 책은 '오웰이 보는 방식으로 세상을 바라보기'에 관한
책이라 보아도 과언이 아니다.

논픽션 쓰기 잭 하트, 정세라 옮김, 유유, 2015

"이 책이 실용서로 읽혔으면 좋겠다"라고 쓴 저자의 바람이 매우 충실히 구현된 책이다. 이 '지극히 실용적인' 책에서 '논픽션'이 아우르는 분야는 참으로 다양하다. 르포르타주, 사회과학, 비즈니스, 자연과학, 심지어 자전적 글쓰기와 문학적 에세이까지 포함된다. 내가 쓰고자 하는 글의 뼈대를 어떻게 세워야 하는지 또 거기에 근육과 살을 어떻게 적절히 붙여 나가야 하는지 가르쳐 준 고마운 책이다. 만일 머릿속에서 맴도는 무언가를 쓰고자 할 때 어디서 시작해 어떻게 흘러가야 할지 모르겠다면 이 책이 길을 알려 줄 것이다. 서로 다른 개성을 지닌 저자들의 다양한 글을 읽고 매만지는 편집자들의 '영업 비밀'을 찾아내는 것은 덤이다.

삶은 어떻게 책이 되는가 임승수, 한빛비즈, 2014

저자의 표현대로 "글치 공학도가 파워 라이터가 된" 솔직하고 생생한 경험이 녹아 있는 책이다. 책이 되는 글쓰기, 편집자처럼 기획서 쓰기, 투고할 때의 요령, 책이 나온 뒤 저자의 역할 그리고 자신의 책을 통해서 삶이 바뀌는 경험을 했던 사람들의 인터뷰까지, 작가가 되고자 하는 사람이 알아 두어야 할 중요한 사항들을 조목조목 짚어 가면서 설명한다. 이 모든 내용이 설득력과 의미를 동시에 획득한 까닭은 바로 저자 자신의 경험이 모든 장마다 살아 숨쉬기 때문이다. 저자의 대표작인 『원숭이도 이해하는 자본론』을 각별히 추천한다.

소설 제임스 미치너, 윤희기 옮김, 열린책들, 2003

루카스 요더, 이본 마멜, 칼 스트라이버트, 제인 갈런드.
이 소설에 등장하는 작가, 편집자, 비평가, 독자의 이름이다.
네 명의 등장인물이 책(소설)의 네 귀퉁이를 각각 받쳐 든 채
서로 갈등하고 교감하고 토론하고 눈을 흘기면서 이야기를
꾸려 나간다. 나는 '독자' 역할만을 수행하던 시기에 처음으로
이 책을 읽었다. 얼마 지나지 않아 '편집자'가 되었을 때 때로는
가끔씩, 때로는 아주 자주 이 소설 속의 인물들(특히 이본
마멜!)을 떠올렸다. 개인적으로 편집자를 꿈꾸거나 편집자로
첫발을 뗀 후배들에게 이 소설을 꼭 권하고 싶다. 물론
'독자'에서 '저자'가 되어 '편집자'를 만나고 자신과 자신의 책이
'비평가'들의 먹잇감이 되는 걸 우울하게 지켜보게 될 모든
예비 저자에게도.

악평 빌 헨더슨 · 앙드레 버나드, 최재봉 옮김, 열린책들, 2011

'투고'라는 주제를 떠올렸을 때 자연스럽게 이 책이 떠오른
것은 우연이 아니다. 이 책은 우리가 이른바 '고전'이라 일컫는
작품들, '대가'라 일컫는 작가들이 작품 발표 직후에 얼마나
'고약한 서평'에 시달렸는가를 보여 주는 '악평 모음집'이다.
프랑스의 일간지 『르 피가로』는 『마담 보바리』를 쓴 귀스타브
플로베르에게 "플로베르 씨는 작가가 아니다"라고 일갈했다.
『런던 크리틱』은 『풀잎』을 쓴 월트 휘트먼에게 "돼지가
수학을 모르는 것만큼 휘트먼은 예술에 생소하다"라고 썼다.
이 책의 3부는 출판사들의 '거절 편지' 모음으로, '가관'이
절정에 도달한다. "아름다움도 두드러지지만 결함 역시 매우

두드러집니다. 전체적으로 진정한 시적 자질이 결여되어
있어요."(에밀리 디킨슨의 초기 시에 대한 거절 편지)
"유감이지만 우리는 만장일치로 이 책에 반대합니다. (……)
너무 길고 다소 낡은 데다, 우리가 보기에는 지금 누리고 있는
명성에 걸맞지 않은 것 같습니다."(허먼 멜빌의 『모비딕』에
대한 거절 편지) 눈물 없이는 도저히 볼 수 없는 책이다.

작가의 시작 바버라 애버크롬비, 박아람 옮김, 책읽는수요일, 2016

"꾸준히 글을 쓰며 '나는 작가다'라고 말하는 작가라면, 매일
아침에 혹은 매일 점심에 혹은 매일 저녁에 글을 쓰려고
자리에 앉을 때마다 이 책을 찾을 것이다"라는 추천사(서평가
이현우)의 한 문장이 이 책의 쓰임새를 가장 명료하게 설명해
준다. 이 책은 일 년 365일 동안의 글쓰기를 염두에 둔
365개의 꼭지로 이루어져 있다(원제가 'A Year of Writing
Dangerously', 즉 '일 년간의 위험한 글쓰기'이다). 짤막한
단상으로 이루어진 모든 글의 말미에는 글쓰기에 관한 경구가
붙어 있는데, 마치 '작가들을 위한 365일 묵상'을 보는
듯하다. 글쓰기를 위한 실용 지식을 제공하는 책은 아니지만
책상 위 손 닿는 곳에 놓아두고 틈틈이 가볍게 읽어 볼
만하다.

저술 출판 독서의 사회사 존 맥스웰 해밀턴, 승영조 옮김, 열린책들, 2012

나는 이 책을 도서관에서 우연한 기회에 마주쳤다. 무심코
집어 들었는데, 읽고 있던 다른 책을 내팽개칠 정도로
재미있어서 그대로 빨려 들어갔다(종이에 베일 수 있으니

장갑을 끼고 읽으라는 친절한 경고까지 달려 있는 책이라니!).
어쨌거나 저자의 놀라운 입담과 박학다식엔 누구라도 입이
딱 벌어질 법하다. 한국어판 제목에서 풍기는 다소 어렵고
딱딱한 분위기와 달리 정작 내용은 책과 책을 둘러싼
흥미진진한, 게다가 아이러니하기 그지없는 이야기로
가득하다. 웃지도 울지도 못할 책에 관한 일화가 쉴 틈 없이
펼쳐진다. 참고로 이 책의 원제는 'Casanova Was a Book
Lover', 즉 '카사노바는 애서가였다네'이다.

출판의 미래 장은수, 오르트, 2016

전 세계 출판 시장에서 벌어지고 있는 변화의 흐름을 열 가지
키워드로 살펴보는 책이다. '미래의 출판 전략'이라는 거시적
질문을 제기하는 책이므로 출판업에 종사하는 사람들에게
좀 더 의미심장한 메시지와 생각할 거리를 던져 주는 책이긴
하다. 예비 저자 또는 이제 막 첫걸음을 뗀 초보 저자라면
이 책의 3장 '저자와 독자', 4장 '마케팅' 부분을 유심히 살펴볼
만하다. 변화의 바람은 출판사와 독자뿐 아니라 저자에게도
영향을 미칠 것이다. "독자는 점점 더 저자와 직접 연결되고
싶어 한다." 이 책을 통해서 '연결의 가능성'을 모색하는
기회를 가질 수 있을 것이다.

편집의 정석 제럴드 그로스 편집, 이은경 옮김, 메멘토, 2016

이 책을 읽으면서 나는 희한하게도 위로받았다. 그 이유가
무엇일까 생각해 봤는데, 이런 멋진 글을 쓴 사람들과 나의
직업이 같다는 데서 느껴진 일종의 '동지 의식' 때문이었던 것

같다. 이 책의 초판은 무려 1962년에 출간되었으며, 1993년까지 두 차례 개정되는 동안 '편집이라는 일'에 관한 불멸의 고전으로 자리 잡았다. 전설의 편집자들이 선물 보따리처럼 풀어놓는 다양한 편집 지침과 조언은 물론이고 그들의 철학마저 엿볼 수 있다. 이 책을 편집자뿐 아니라 예비 저자에게도 권하는 이유는 분명하다. '어떤 책이 선택받는가', '기획서, 제안서, 원고에 무엇을 담아야 하는가' 등과 같은 내용은 다른 누구도 아닌 편집자만이 예비 저자들에게 해 줄 수 있는 조언이기 때문이다. 편집자에게 이 책은 축복이자 운명이고, 예비 저자에게 이 책은 매우 유용한 사고실험(思考實驗) 교과서이다.

편집자 분투기 정은숙, 바다출판사, 2004

똑같은 원고라도 어떤 편집자가 만드느냐에 따라 전혀 다른 책이 되어 나온다는 말이 있다. 이 말은 편집자의 일이 전문적 지식과 기술적 완성도에만 한정되지 않는다는 뜻이다. 다른 하나의 축, 즉 저자와 쌓아 가는 신뢰, 원고를 바라보는 애정 어린 시선, 조력자이자 중재자로서의 역할 등은 편집자가 단순 기능공이 아님을 시사한다. 이 책은 편집자의 전문적 영역을 밀도 있게 다루면서도 책 그리고 책을 만드는 사람들에 대한 저자 자신의 자부심과 애정이 수시로 행간과 행간을 가로지른다. 이런 까닭에 편집자의 '일'보다는 '출판 편집자로 산다는 것'을 좀 더 깊이 생각하게 만드는 책이기도 하다. 편집자가 저자를 만날 때 어떤 준비를 하는지, 얼마나 많은 연구와 고민을 하는지 알게 된다면 아마 깜짝 놀랄지도 모른다.

편집자란 무엇인가 김학원, 휴머니스트, 2009

초판이 출간된 지 십 년 가까이 흐른 지금도 편집자의 일은
이 책이 지시하고 설명하는 것과 크게 다르지 않다. 이것은
출판 환경이 급격하게 변화한다 해도 편집자가 견지해야 할
관점과 태도의 근본은 쉬 바뀌지 않는다는 사실을 우회적으로
암시한다. 내가 알기로 이 책은 출간 이후 수많은 편집자에게
교과서처럼 읽혔으며, 좋은 훈련의 도구로 사용되었다. 이 책의
'차례' 다음 장에 이어지는 '세부 차례'만 봐도 "책 만드는
사람이 알아야 할 거의 모든 것"이라는 표현이 아깝지 않다고
느끼게 된다. 편집자가 만나고 싶어 하는 저자, 읽고 싶어
하는 원고는 어떤 모습인가? 편집자는 어떤 생각을 가지고
일하는가? 이런 질문에 유용한 답을 제시해 주는 책이다.

출판사에서 내 책 내는 법
: 투고의 왕도

2018년 4월 24일   초판 1쇄 발행
2020년 11월 24일   초판 2쇄 발행

지은이
정상태

펴낸이	**펴낸곳**	**등록**
조성웅	도서출판 유유	제406-2010-000032호(2010년 4월 2일)

주소
경기도 파주시 책향기로 337, 301-704 (우편번호 10884)

전화	**팩스**	**홈페이지**	**전자우편**
070-8701-4800	0303-3444-4645	uupress.co.kr	uupress@gmail.com

페이스북	**트위터**	**인스타그램**
facebook.com	twitter.com	instagram.com
/uupress	/uu_press	/uupress

편집	**영업**	**디자인**
안희주, 전은재	이은정	이기준

제작	**인쇄**	**제책**	**물류**
제이오	(주)민언프린텍	(주)정문바인텍	책과일터

ISBN 979-11-85152-83-7 04080
　　　979-11-85152-36-3 (세트)

이 도서의 국립중앙도서관 출판예정도서목록(CIP)은 서지정보유통지원시스템
홈페이지(seoji.nl.go.kr)와 국가자료공동목록시스템(www.nl.go.kr/kolisnet)에서
이용하실 수 있습니다.(CIP제어번호: CIP2018011768)

유유 출간 도서

책 먹는 법

든든한 내면을 만드는 독서 레시피

김이경 지음

저자, 번역자, 편집자, 논술 교사,
독서 모임 강사 등 텍스트와
관련한 여러 가지 일을 오래도록
섭렵하면서 단련된 독서가 저자
김이경이 텍스트 읽는 법을
총망라하였다. 읽기 시작하는 법,
질문하면서 읽는 법, 있는 그대로
읽는 법, 다독법, 정독법, 여럿이
함께 읽는 법, 어려운 책 읽는 법,
쓰면서 읽는 법, 소리 내어 읽는 법,
아이와 함께 읽는 법, 문학 읽는 법,
고전 읽는 법 등 여러 가지 상황과
처지에 맞게 책을 접하는 방법을
자신의 인생 갈피갈피에서 겪은
체험과 함께 소개한다.

박물관 보는 법

보이지 않는 것을 보는 감상자의 안목

황윤 글, 손광산 그림

박물관을 제대로 알고 감상하기
위한 책. 소장 역사학사이지 박물관
마니아인 저자가 오래도록 직접
발품을 팔아 수집한 자료와 직접
현장을 누비면서 본인이 듣고 보고
느낀 내용을 흥미로운 스토리텔링
방식으로 집필했다. 우리 근대
박물관사의 흐름을 한눈에 꿰게 할 뿐
아니라 그 흐름을 만들어 간 사람들의
흥미로운 사연과 앞으로 문화
전시 공간으로서 박물관이 나아갈
바람직한 방향까지 가늠하게 해 준다.
일제 치하에서 왜곡된 방식으로
근대를 맞게 된 우리 박물관의 역사도
이제 100여 년이 되었다. 박물관을
설립하는 데 관여한 사람들과 영향을
준 사건들을 살피다 보면 유물의
소장과 보관의 관점에서 파란만장한
우리 근대 100년사를 일별할 수 있다.
또한 공간의 관점에서도 단순히
유물과 예술품을 전시하는 건물로만
여겨진 박물관이 색다르게 다가온다.
보이지 않던 박물관의 면모가 보이고
이를 통해 박물관을 관람하는 새로운
시야를 열어 줄 것이다.

학생이 배우고 익히는 법
미국 명문고 교장이 각계 전문가들과
완성한 실용 공부법

리처드 샌드윅 지음, 이성자 옮김

저자 리처드 샌드윅은 대학교에서
교육 심리학을 공부했고 고등학교의
교장으로 부임해 그 학교를 미국
내 명문학교로 키우는 데 큰 공헌을
한 사람이다. 그는 학생의 공부
습관이나 노하우에 관심을 갖고 꼭
필요한 요령을 파악해 학생에게
도움을 주고자 했다. 그는 이 책을
각 분야의 전문가의 도움을 받아
완성했다. 심리, 교육부터 영양까지
다채로운 분야의 전문가의 조언으로
다듬어진 덕분에 이 책은 교사와
학부모의 높은 신뢰를 받아
오래도록 학생 교육 방면에서
스테디셀러로 자리매김했다.
"학생들이 효율적인 공부를 하기
위한 보편 원칙을 간단히 터득하게
하는 것"을 목적으로 한다고 밝힌
데에서도 알 수 있듯, 이 책은
공부의 보편 원칙을 앞에 놓고
개별 과목의 공부법을 뒤에 두어
먼저 공부할 때 동기를 부여하려
한다. 학생에게 공부란 무엇인지,
왜 공부를 해야 하는지 설명하고,
뒤이어 공부하는 법을 알려 준다.

서평 쓰는 법
독서의 완성

이원석 지음

서평은 독서의 완성이다. 하지만
아직까지 우리는 서평의 본질에
대한 이해조차 부족하다. 흔히들
책의 요약이나 독후감을 서평으로
이해하지만 서평은 책의 요약이 아니다.
요약은 서평의 전제로서 고급 독자는
서평으로 자기 생각을 내놓는다.
또한 원칙적으로 모든 저자는 서평
쓰기로부터 집필을 시작한다. 그렇다면
서평은 모든 글쓰기의 시작이라고
볼 수 있다. 이 책은 그 시작을 본질부터
차근차근 설명한 안내서다.

어린이책 읽는 법
남녀노소 누구나

김소영 지음

어린이가 평생 독자로 되기를 바라는
어른을 위한 어린이책 안내서.
어린이에게 책이 무엇인지, 독서가
무엇인지 알려 주고, 아이와 책장을
정리하는 법, 분야별로 책 읽는 법과
좋은 책 이야기를 알차게 담았다.
이야기마다 저자가 독서교실에서 만난
아이들의 생생한 일화를 예로 들고
있어 더욱 친근감을 준다. 한편으로
저자는 이 책이 어린이만을 위한 것이
아니라 책 읽기가 정체된 어른에게도
유익하리라 권한다. 실제로 어른도 읽어
보고 싶은 어린이책이 가득 소개되어
있다.

동화 쓰는 법
이야기의 스텝을 제대로 밟기 위하여
이현 지음

어린이문학 작가 이현이 그동안
읽어 온 이야기를 분석하고, 직접
길고 짧은 어린이책을 쓰면서 다양한
인물과 이야기를 만든 과정, 작가
지망생에게 동화 쓰기를 가르치며
정리한 방법을 알차게 담았다. 춤을
배우기 전에 기본 박자에 맞추어
스텝을 배우듯 저자는 독자들이
이야기, 독자, 주인공, 사건, 플롯,
전략 등 동화 쓰기라는 창작의
스텝을 제대로 밟도록 이끌어 준다.
저자가 권하는 동화와 청소년소설,
어린이문학과 창작 이론서 목록도
함께 소개한다.

번역가 되는 법
두 언어와 동고동락하는 지식노동자로
살기 위하여
김택규 지음

전문 출판 번역가로서 20여 년간
살아온 저자가 번역가 지망생에게
들려주는 자신의 경험과 조언을
담은 안내서. 냉혹하다 싶을 정도로
출판 번역과 출판계의 환경을
점검하고, 그 안에서 번역가가
되기를 바라는 이가 할 수 있는 일과
해야 하는 일을 현실적으로 짚어
준다. 직업인으로서 번역가에게
필요한 실제 내용과 더불어 출판계에
갓 들어왔을 때 반드시 살펴야 할
실무까지 알차게 챙겼다.

어휘 늘리는 법
언어의 한계는 세계의 한계다
박일환 지음

30년간 국어 교사로 일한 시인이자
소설가인 박일환 선생이 언어와
어휘에 대한 자신의 관점과 함께
사고를 확장하는 도구로서 어휘를
대하고 늘릴 수 있는 방법을 정리한
책. 교사로서 문학가로서 오랜 기간
관심을 가지고 탐색하고 고민한
언어와 어휘에 대한 다양한 주제가
가닥가닥 담겨 하나의 줄기를 이룬다.
결국 언어와 어휘를 생각한다는
것은 자신과 세상과 삶을 생각한다는
것임을, 단단하면서도 유연한 사고로
어휘를 늘려 나가다 보면 폭넓은
교양과 사고를 아우를 수 있게 됨을,
저자는 저자 자신의 글로 보여 준다.